近畿圏版③ 使いやすい!教えやすい!家庭学習に最適の問題集!

関西学院初等部
雲雀丘学園小学校

2021 年度版 過去問題集

<問題集の効果的な使い方>
①お子さまの学習を始める前に、まずは保護者の方が「入試問題」の傾向や難しさを確認・把握します。その際、すべての「学習のポイント」にも目を通しましょう。
②入試に必要なさまざまな分野学習を先に行い、基礎学力を養ってください。
③学力の定着が窺えたら「過去問題」にチャレンジ!
④お子さまの得意・苦手が分かったら、さらに分野学習をすすめレベルアップを図りましょう!

最新の入試問題と特徴的な出題を含めた全40問掲載

合格のための問題集

関西学院初等部

記憶	お話の記憶問題集 中級編・上級編
数量	Ｊｒ・ウォッチャー 14「数える」
常識	Ｊｒ・ウォッチャー 27「理科」
観察	Ｊｒ・ウォッチャー 29「行動観察」
常識	Ｊｒ・ウォッチャー 34「季節」

雲雀丘学園小学校

お話の記憶	1話5分の読み聞かせお話集 ①②
図形	Ｊｒ・ウォッチャー 48「鏡図形」
常識	Ｊｒ・ウォッチャー 27「理科」
口頭試問	新 ノンペーパーテスト問題集
口頭試問	新 口頭試問・個別テスト問題

●資料提供●

ヘッズアップセミナー

ISBN978-4-7761-5312-2

C6037 ¥2300E

9784776153122

1926037023005

定価　本体2,300円＋税

日本学習図書 ニチガク

目指せ！合格！

家庭学習ガイド
関西学院初等部

入試情報

応 募 者 数：非公表
出 題 形 態：ペーパー、ノンペーパー
面　　　 接：保護者・志願者
出 題 領 域：Ａ日程（ペーパー、親子面接、運動、行動観察）
　　　　　　 Ｂ日程（行動観察、集団面接、保護者面接）

入試対策

2020年度からは日程によって、入試形式が変わりました。A日程では、午前中にペーパーと行動観察（教室）が行われ、昼食と休憩（自由遊び）を挟んでから運動（体育館）が実施されました。集合（９時）から、解散（14時）まで約5時間の試験時間でした。最初に行われるペーパーテストは、各分野にわたる広範囲な出題です。幅広い分野の学習をしておく必要があります。また、各問題の指示は録音で再生したものです。ふだんの学習で慣れていないようなら、一度体験しておきましょう。B日程は、ペーパーがなく、集団面接が教室、行動観察が体育館で行われました。集団面接では、お話の読み聞かせがあるなど、口頭試問に近い形式で行われています。

●毎年絵本からストーリーを抜粋した「お話の記憶」の問題が出題されています。読み聞かせを習慣にして、長文の出題にも慣れておきましょう。
●「運動」「行動観察」の分野では、身体能力や器用さばかりでなく、集団への適応力や協調性、生活習慣が評価の対象となっています。日常生活で親子間のコミュニケーションをきちんと取ること、規則正しい生活習慣を身に付けることで対応してください。

必要とされる力 ベスト6

チャートで早わかり！

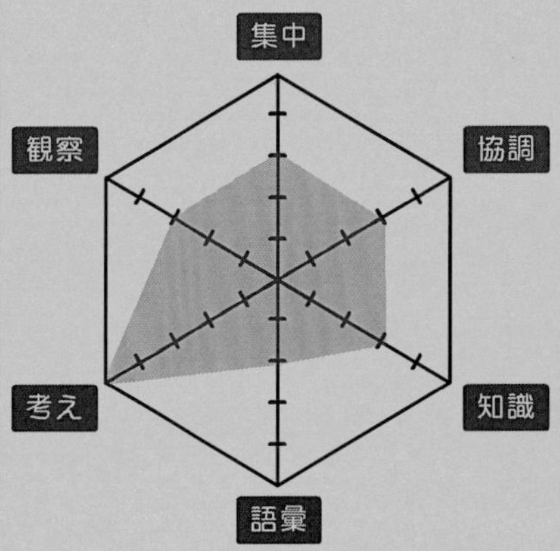

特に求められた力を集計し、左図にまとめました。
下図は各アイコンの説明です。

	アイコンの説明
集中	集　中　力…他のことに惑わされず１つのことに注意を向けて取り組む力
観察	観　察　力…２つのものの違いや詳細な部分に気付く力
聞く	聞　く　力…複雑な指示や長いお話を理解する力
考え	考える力…「～だから～だ」という思考ができる力
話す	話　す　力…自分の意志を伝え、人の意図を理解する力
語彙	語　彙　力…年齢相応の言葉を知っている力
創造	創　造　力…表現する力
公衆	公衆道徳…公衆場面におけるマナー、生活知識
知識	知　　　識…動植物、季節、一般常識の知識
協調	協　調　性…集団行動の中で、積極的かつ他人を思いやって行動する力

※各「力」の詳しい学習方法などは、ホームページに掲載してありますのでご覧ください。http://www.nichigaku.jp

「関西学院初等部」について

〈合格のためのアドバイス〉

2020年度から日程によって、入試形式が変わりました。とはいえ、A日程は以前の入試内容とあまり変化はありませんでした。幅広い分野から出題されており、どの問題も柔軟な思考力や対応を求められる試験となっています。1つの事実から類推して答えを見つけ出す力、つまり推理する力が求められる内容も多く、粘り強く取り組む姿勢が必要です。

絵本を使った長文が出題される「お話の記憶」の問題では、高い集中力や記憶力が求められます。これらは、毎日の積み重ねによって少しずつ得られるものです。焦らずにコツコツと積み上げていってください。

また、常識やマナーについても例年出題されています。マナーについては、お子さまが問題を解けなかった場合、保護者の方のマナーができていない、という評価になることもあります。実際に行動して、お子さまに見本となるように努めましょう。マナー以外にも、理科的な常識（植物・生きものなど）、季節の行事についてなど幅広く出題されます。「お話の記憶」と同様に、付け焼き刃な学習では力が付きませんから、日常生活の中で機会を逃さず、そういった知識を身に付けてください。

親子面接は、保護者と志願者に対してそれぞれ5分ずつ行われ、願書に書いてある項目からの質問を中心に、家庭での教育方針やお子さまの性格やエピソードなど多岐にわたる質問をされます。家庭と学校の教育方針をうまく結びつけて答えたり、お子さまの性格に合わせた取り組みを学校が行っているなど、当校でないといけないような理由を考えておく準備をしておきましょう。

B日程はノンペーパー形式で行われました。お子さまの学力が問われているというよりは、お子さまの行動を観られています。例えば、行動観察はお友だちと自由に遊んでくださいという指示の課題が出されました。そういった状況の中でどういう風にほかのお友だちと過ごすのか観られているようです。保護者面接はA日程の親子面接で保護者が聞かれる同様のことが聞かれました。特に違いはないようです。

〈2020年度選考〉

A日程
◆面接（考査日前／保護者・志願者／各5分）
◆ペーパーテスト　◆運動　◆行動観察
B日程
◆集団面接　◆行動観察
◆保護者面接（考査日）

入試のチェックポイント
◇受験番号は…「願書提出順」
◇生まれ月の考慮…「あり」

〈本書掲載分以外の過去問題〉

◆図形：いくつかの重なった図形を見て、一番下にある図形を選ぶ［2017年度］
◆推理：パズルの絵で当てはまらないものを選ぶ。［2015年度］
◆常識：火事の時関係のある人や物の組み合わせで一番いいものを選ぶ。［2014年度］
◆言語：「ハ」の音で始めて一音ずつ増やした言葉でしりとりをつなぐ。［2014年度］
◆推理：船の沈み方を見て乗っているものの重さを比べる。［2014年度］
◆図形：折り紙を2回折って作れない形を選ぶ。［2013年度］

目指せ！合格！

家庭学習ガイド
雲雀丘学園小学校

入試情報

応募者数：男女213名　※内部進学者を含む
出題形態：ノンペーパー（個別テスト）、ペーパー
面　　接：保護者（両親のうち1人で可）
出題領域：ペーパー（記憶、図形、推理、常識）、ノンペーパー（推理、言語、図形、面接）模写、音楽、巧緻性、行動観察、運動

入試対策

当校の入試は、ペーパーテスト＋個別テストという形式です。比較すると、個別テストの割合が高いので、「話して答える」のが苦手なお子さまは、日々の学習でも口頭で答えるといった練習をした方がよいでしょう。筆記具を使う答え方ばかりに頼っていると、試験当日に戸惑うことになります。口頭で自分の考えを述べたり、動作で意思を表したりする練習をしておきましょう。出題は基礎問題ばかりですが、出題分野が広いので、ご家庭での学習も、それに対応できるように幅広く学習してください。

- ●知識問題は、季節、動物、植物など幅広いジャンルから出題されています。早めの学習をしておいてください。
- ●個別テストでは、実物を見せておいて、「これは何」と聞かれることもあるので、実際にさまざまなものを見たり、経験したりして知識を増やしてください。
- ●今年も模写と絵画が出題されました。ていねいさはもちろん、創作力も高めていきましょう。
- ●運動は、毎年サーキット運動です。年相応の運動能力・体力は必要です。
- ●行動観察では、社会性や積極的な態度を重視しています。受験だからというのではなく、日頃からほかの子と協調することや、自分で考えて行動することを心がけてください。

必要とされる力　ベスト6

チャートで早わかり！

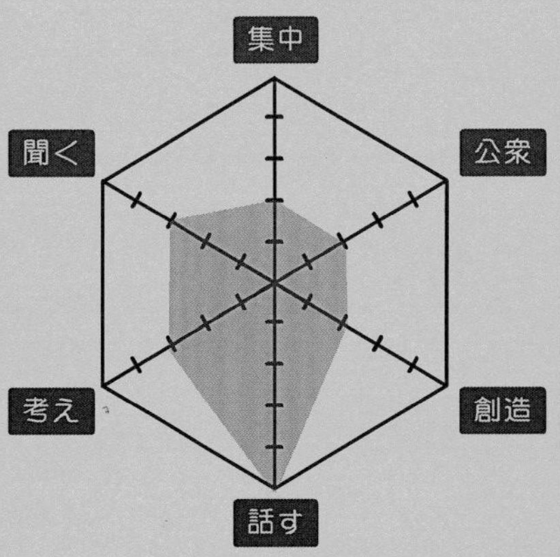

特に求められた力を集計し、左図にまとめました。
下図は各アイコンの説明です。

	アイコンの説明
集中	集　中　力…他のことに惑わされず1つのことに注意を向けて取り組む力
観察	観　察　力…2つのものの違いや詳細な部分に気付く力
聞く	聞　く　力…複雑な指示や長いお話を理解する力
考え	考える力…「～だから～だ」という思考ができる力
話す	話　す　力…自分の意志を伝え、人の意図を理解する力
語彙	語　彙　力…年齢相応の言葉を知っている力
創造	創　造　力…表現する力
公衆	公衆道徳…公衆場面におけるマナー、生活知識
知識	知　　識…動植物、季節、一般常識の知識
協調	協　調　性…集団行動の中で、積極的かつ他人を思いやって行動する力

※各「力」の詳しい学習方法などは、ホームページに掲載してありますのでご覧ください。http://www.nichigaku.jp

「雲雀丘学園小学校」について

＜合格のためのアドバイス＞

当校は、個性と創造力を伸ばし、基礎学力をしっかり身に付ける初等教育を実施しています。「花育」をキーワードに「花と緑に親しみ・遊ぶ中で、自然を慈しみ・守ろうとする心を養う」活動を行っています。

2020年度入試では、個別テスト、口頭試問、ペーパー、行動観察、運動が行われました。個別テストでは、ペーパーを使う場合でも、口で答えたり、指で示して解答したりする問題が多いことが特徴です。これは成績だけで評価するのではなく、お子さまの解答する態度・姿勢を観るという意図があるからです。そのため、お子さまの思考過程がわかるテストとなっています。どういうことかというと、紙に解答を書く方式では、わからない問題は記入しないでいいですが、この口頭で答えさせる方式ではどうしてわからないのかも観られることになります。またわからない時にどうするのかも観られています。そのため、保護者の方は日頃の学習をする中でどうしてそうなるのか、とお子さまが考えるような工夫を心がけてください。お子さまの解答が違っていたら、どうしてそう思ったのかを聞くことにより、解決策が見つかり、さらに深い理解を得られる学習が可能になります。お子さまがどう考えたかを常に意識させるように心がけてください。その探究心が、思考力や創造力を養います。

音楽の分野では、例年絵の中から好きなものを1枚選び、その絵に合った歌を歌う問題が出題されています。絵は固定ではなく日程によって変更されており、CDの伴奏に合わせて歌わなくてはなりません。絵に合った歌をどれだけ知っているか、試験会場という場で、どれだけ元気に歌うことができるかが観られています。

行動観察は、3～5人のグループで行われました。積極的に参加しているか、ほかの子と協調しているかなどを観られます。

〈2020年度選考〉

〈面接日〉

◆保護者面接（考査日前）

〈考査日〉

◆個別テスト（一部ペーパーテストあり）
◆行動観察
◆運動
◆口頭試問（志願者面接あり）

◇過去の応募状況

2020年度	男女 213名
2019年度	男女 215名
2018年度	男女 178名

入試のチェックポイント

◇受験番号は「願書提出順」
◇生まれ月の考慮…「なし」

〈本書掲載分以外の過去問題〉

◆常識：虹が出る天気の絵を選ぶ。［2014年度］
◆行動観察：チームに分かれてボウリング。［2014年度］
◆口頭試問：動画を見て、何をしているところかを聞かれる。［2013年度］

関西学院初等部
雲雀丘学園小学校

過去問題集

〈はじめに〉

現在、少子化が叫ばれているにもかかわらず、私立・国立小学校の入学試験には一定の応募者があります。入試は、ただやみくもに学習するだけでは成果を得ることはできません。志望校の過去における出題傾向を研究・把握した上で、練習を進めていくこと、その上で試験までに志願者の不得意分野を克服していくことが必須条件です。そこで、本問題集は小学校を受験される方々に、志望校の出題傾向をより詳しく知って頂くために、過去に遡り出題頻度の高い問題を結集いたしました。最新のデータを含む精選された過去問題集で実力をお付けください。また、志望校の選択には弊社発行の「**2021年度版 近畿圏・愛知県 国立・私立小学校 進学のてびき**」をぜひ参考になさってください。

〈本書ご使用方法〉

◆出題者は出題前に一度問題を通読し、出題内容などを把握した上で、**〈 準 備 〉**の欄に表記してあるものを用意してから始めてください。
◆お子さまに絵の頁を渡し、出題者が問題文を読む形式で出題してください。問題を読んだ後で、絵の頁を渡す問題もありますのでご注意ください。
◆**「分野」**は、問題の分野を表しています。弊社の問題集の分野に対応していますので、復習の際の目安にお役立てください。
◆問題番号右端のアイコンは、各問題に必要な力を表しています。詳しくは、アドバイス頁（ピンク色の１枚目下部）をご覧ください。
◆一部の描画や工作、常識等の問題については、解答が省略されているものがあります。お子さまの答えが成り立つか、出題者が各自でご判断ください。
◆**〈 時 間 〉**につきましては、目安とお考えください。
◆解答右端の［**○年度**］は、問題の出題年度です。［**2020年度**］は、「2019年の秋から冬にかけて行われた2020年度入学志望者向けの考査で出題された問題」という意味です。
◆**学習のポイント**は、指導の際にご参考にしてください。
◆**【おすすめ問題集】**は各問題の基礎力養成や実力アップにご使用ください。

〈本書ご使用にあたっての注意点〉

◆文中に**この問題の絵は縦に使用してください。**と記載してある問題の絵は縦にしてお使いください。
◆**〈 準 備 〉**の欄で、クレヨンと表記してある場合は12色程度のものを、画用紙と表記してある場合は白い画用紙をご用意ください。
◆文中に**この問題の絵はありません。**と記載してある問題には絵の頁がありませんので、ご注意ください。なお、問題の絵の右上にある番号が連番でなくても、中央下の頁番号が連番の場合は落丁ではありません。
下記一覧表の●がついている問題は絵がありません。

問題１	問題２	問題３	問題４	問題５	問題６	問題７	問題８	問題９	問題10
								●	●
問題11	問題12	問題13	問題14	問題15	問題16	問題17	問題18	問題19	問題20
●	●								
問題21	問題22	問題23	問題24	問題25	問題26	問題27	問題28	問題29	問題30
問題31	問題32	問題33	問題34	問題35	問題36	問題37	問題38	問題39	問題40
	●	●							

得 先輩ママたちの声！

◆実際に受験をされた方からのアドバイスです。
ぜひ参考にしてください。

関西学院初等部

・毎年、絵本を使ったお話の記憶が出ているようなので、絵本の読み聞かせをたくさんしておくと慣れると思いました。

・面接は、学校に関しての知識が問われる内容でした。学校が開催する行事にはすべて参加し、パンフレットや資料も熟読したほうがよいです。

・ペーパーテストは問題数が多かったようです。さまざまな分野から出題されていましたので、幅広く、そして解答時間にも気を配って対策することをおすすめします。

雲雀丘学園小学校

・試験は口頭試問が多いです。子どもは人見知りをするタイプだったので、早めの対策を心がけました。「ありがとうございます」「ごめんなさい」などしっかり言えるようにしておくことが大切だと思いました。

・今年もサーキットが出ました。子どもの運動能力はすぐに上がるものではないので、日頃から遊びを通して練習させていました。

・試験日が９月中旬なので、夏休みの過ごし方をもっと考えるべきだったと感じました。季節を問う問題が出ていましたので、自然の中で実際に体験させてあげながら学ばせるのがよいと思います。

・お絵かきの問題が出ました。対策をとっておらず焦ったのですが、もともとお絵かきの好きな子でしたので、子ども自身は焦らず楽しみながら描くことができたようです。

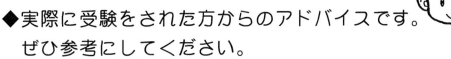

※問題を始める前に、本文１頁の「本書ご使用方法」「ご使用にあたっての注意点」をご覧ください。

保護者の方は、別紙の「家庭学習ガイド」「合格ためのアドバイス」を先にお読みください。
当校の対策および学習を進めていく上で、役立つ内容です。ぜひ、ご覧ください。

〈関西学院初等部〉

2020年度の最新問題

問題１　分野：お話の記憶

聞く　集中

〈準備〉　青のクーピーペン

〈問題〉　**この問題の絵は縦に使用してください。**

森に、春がきました。さわさわと、風がふきわたっています。とても気持ちのいい午後なのに、ホシガラスのカーくんは、元気がありません。木漏れ日がこんなにうつくしいのに、カーくんの目には、なにもうつっていません。下草のかぐわしいにおいも、カーくんにはとどいていないようです。そこにシロフクロウのホー先生が、やってきました。「どうしたんだい、カーくん。元気ないね。よかったら、話してごらん。」「先生、ぼく、なんだかこのごろ、ぼくはぼくでいることがつまらないの」「ほーう、それは、また、どうして？」「ぼく、だんだん気がついちゃったの。みんながどんなにすごいのか、ぼくがだめなのか」「ほうほう、たとえばどんなことだね？」「ほら、あそこを見て」枝ごしに見上げた空の高みでは、アマツバメのツバサくんが、気もちよさそうにとびまわっていました。そのすばやさったら、たいへんなものです。「ぼくも、あんなふうにとべたら、かっこいいのになあ」「それから、ヤイロチョウのミドリさんは、あんなにきれい！」ブナの木の枝にとまっているミドリさんは、色あざやかなすがたです。ヤイロチョウというだけあって、赤・緑・コバルト色・白・茶色と、色とりどりの羽を、からだにまとっています。「ほーう、なるほど」ホー先生は、うなずきます。耳をすますと、こんどは、どこからか「ピョーポーピョーポー　チューチューチューリルリル」と、すばらしいさえずりが、きこえてきました。「ほら、あれは、クロツグミのウタちゃん。すてきな声でしょう」「ほう、ほう。たいしたもんだ」「ぼくなんか、こんなガーガー声しかでないのに」「それに、それに、ヤマセミのショウタくんだって、とてもじょうずに、川の中から魚や虫をとってくるんだよ」「ほうほう、そうだってなあ」「ぼくなんか、ただ木の実をほじくって、食べてるだけなのに・・・」「友だちを見ていたら、ぼくは、ぼくなのが、つまらなくなってきちゃったの」「ほーう、そういうことだったのか」「ぼくなんか、いてもいなくてもいいみたい。もう、だあれもいないところにきえていってしまいたい・・・」ここのところ考えていたことを、ホー先生にすっかり話してしまったせいか、カーくんは、なんだかほっとして、ねむくなってきました。

カーくんは、ふしぎなところに来ていました。生きているもののけはいのない森でした。いえ、森のあとでした。見まわしても、だれのすがたもありません。「おーい、だれかいませんか」声をかけても、なにもかえってきません。「こんなの森じゃないよ。森からは昼も夜も、いろんな音が聞こえてくるのに。いつも、だれかの声がしているのに」葉も草もかれてしまった森のあとからは、風さえもふいてこないのです。カーくんは、心ぼそくなって、とうとう泣きだしてしまいました。仲間を探してかけまわり、つかれはてたころでした。「カーくん、カーくん、こっちだよ！」森のかたすみがほのかに光り、木の根もとから、なつかしい声がきこえてきました。根っこの真ん中はからっぽになっていて、光も声もその中からなのでした。カーくんは、すいこまれるように、光の中へはいっていきました。目をさますと、群青色の空に、星が光っていました。カーくんのまわりには、ホー先生となかまたちがいます。「カーくんが、あんまり深くねむってるんで、しんぱいになってあつまったんだよ」

「目がさめてよかったわ」月あかりに、みんなの顔が浮かびあがります。「それにしても、カーくんの羽のもようのお星さまは、きれいねえ。からだに夜空があるみたい」ウタちゃんが、うっとりいいました。「ほんとだね。お天気がわるくても、カーくんには、いつもたくさんのお星さま」ツバサくんもつけくわえます。「えっ、ぼくのからだってきれいなの？」「それにカーくんは、森の木をそだててるんだって、うちのおかあさんがいってたわ」ミドリさんがいいます。「えーっ、それ、どういうこと？」ショウタくんが話してくれます。「カーくんは、木の実をわっては、中の種を食べているでしょう。そして、森のあっちこっちに種をはこんで、ためておくよね、その種が、いつのまにか芽を出し、若木になって、森をつくってくれてるというわけ」「えっ、ぼくってそんなことをしていたの？」「ほうほう、そうなんだよ。カーくん、しらなかったのかい」ホー先生が笑います。カーくんは、さっき夢でみた森を思いうかべました。誰もいない、いのちのかけらも感じられなかった森が、どんなにさびしかったか・・・。だけどカーくんは、知らないあいだに、森に新しいいのちをあたえていたというのです。そして、この森にはこんなに友だちがいて、カーくんのからだにはきれいな星空までがあるなんて、はじめて気がついたのでした。「みんなが、いてよかった。ぼくも、いてよかった。ぼくは、ぼくでよかった・・・」

『カーくんと森のなかまたち』
（著：吉沢誠、絵：夢ら丘実果／ワイズ・アウル）より

（問題１の絵を渡す）
①カーくんは最初どんな気持ちでしたか。当てはまるものに○をつけましょう。
②カーくんが夢の中でいた場所に○をつけましょう。
③カーくんの羽の模様に○をつけましょう。
④ホー先生と同じ動物に○をつけましょう。
⑤カーくんは最後どのような気もちになりましたか。あてはまるものに○をつけてください。
⑥あなたはカーくんのお話を聞いてどう思いましたか。当てはまるものに○をつけましょう。
⑦あなたがカーくんのお友だちだったら、カーくんの元気がないとき、どんなことをしてあげますか。「カーくん以外の人の悪口を言う」だと思うならばイチゴに、「掃除をしてあげる」だと思うならばバナナに、「カーくんを励ます」だと思うならばスイカに○をつけましょう。

〈時 間〉　各12秒

〈解 答〉　①左端　②右から２番目　③左端　④右から２番目
⑤右から２番目　⑥右から２番目　⑦○：スイカ

［2020年度出題］

学習のポイント

今回のお話の記憶の問題では、『カーくんと森のなかまたち』（著：吉沢誠、絵：夢ら丘実果／ワイズ・アウル）が使用されました。当校では小学校入試としては例の見ない文章が長いお話が扱われています。こういったお話だと集中力が切れて、しっかり記憶することはなかなか難しいことだと思います。記憶しやすいために「いつ」「どこで」「誰が」「何を」「どうしたか」というような要所を意識して聞くようにしましょう。その時に、１つひとつの場面をイメージしながらお話を聞くと、登場してくる人物やその内容が記憶しやすくなります。また、このようにしてイメージすることを繰り返して聞き取っていくと、質問に出てきそうな表現などがわかってきます。今回のお話で言うと、カーくんの羽の模様などがその例でしょう。日頃の学習で、いきなりこれほど長いお話を繰り返すと、お子さまが読み聞かせに苦手意識を持ってしまうかもしれません。最初はこのお話よりも短いもので練習していき、だんだんとこの長さのものへチャレンジしていくといった工夫をしてあげるとよいでしょう。

【おすすめ問題集】

１話５分の読み聞かせお話集①・②、お話の記憶 初級編・中級編・上級編、
Ｊｒ・ウォッチャー19「お話の記憶」

問題2　分野：複合（図形の構成・オセロ）　観察　考え

〈準備〉　青のクーピーペン

〈問題〉　この問題の絵は縦に使用してください。

①上の四角を見てください。上の形を作る場合、どのパーツを組み合わせるとよいでしょうか。線で結びましょう。
②下の四角にはオセロを行っている絵が描いてあります。次は黒の番ですが、白色のコマを１番多くひっくり返すにはどこのマスに置けばよいでしょうか。そのマスに「○」を書いてください。

〈時間〉　各20秒

〈解答〉　下記参照

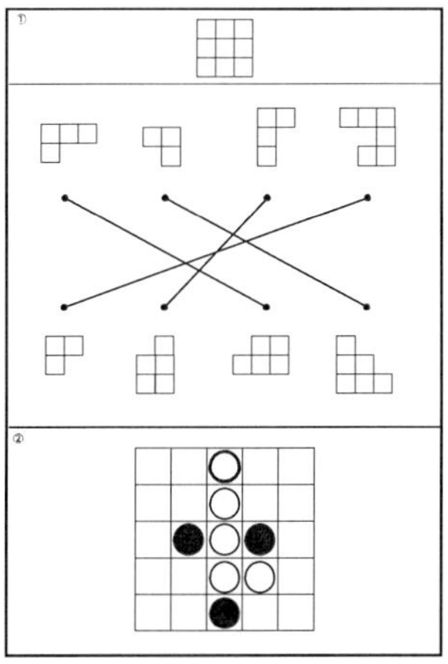

［2020年度出題］

学習のポイント

①は図形構成の問題です。組み立てる見本の図形を見ると、縦と横それぞれ３つの正方形が並んでいます。つまり、選択肢の分解されているパーツをどれか組み合わせる時に、３つ以上、もしくは２つだけになってしまうのであれば、その組み合わせは間違っているということがわかります。説明してもお子さまがあまりピンとこないようならば、実物を使って、実際に組み合わせる様子を見せてください。一度でも見るとイメージが湧くので理解しやすくなるでしょう。②は推理の問題です。この問題はオセロを知っている前提で出題されています。ルールの説明がなく、そのまま出題ということが時折あるので、小学校受験で出題されるようなパズルやゲームは一度経験しておきましょう。１つ加えるならば、この問題の解答の指示に注意が必要です。黒の番にも関わらず、「○（まる）」を書くという指示があります。しっかりと指示を聞いて、問題に取り掛かるようにしてください。

【おすすめ問題集】
Ｊｒ・ウォッチャー54「図形の構成」、31「推理思考」

問題3　分野：図形（展開）

観察　考え

〈準備〉　青のクーピーペン

〈問題〉　（問題３の絵を渡す）
左の四角を見てください。黒い部分を切り取って、この紙を広げるとどうなるでしょうか。正しいものに○をつけてください。

〈時間〉　１分

〈解答〉　①右から２番目　②左から２番目　③左から２番目　④右端

[2020年度出題]

家庭学習のコツ①　**「先輩ママのアドバイス」を読みましょう！**

本書冒頭の「先輩ママのアドバイス」には、実際に試験を経験された方の貴重なお話が掲載されています。対策学習への取り組み方だけでなく、試験場の雰囲気や会場での過ごし方、お子さまの健康管理、家庭学習の方法など、さまざまなことがらについてのアドバイスもあります。先輩ママの体験談、アドバイスに学び、ステップアップを図りましょう！

学習のポイント

この問題のように図形を扱った推理の問題は当校でよく出題されています。ここで観られているのは、切り取った図形がどのようになっているか、イメージする力でしょう。しかし①を、「半分に折られた紙の折り目にある半円の穴は、広げた時に円になります。つまり、切り取った形は、折り線で左右対称になります」などと説明してもお子さまはイメージしにくいでしょう。したがって、実物を使って、教えてあげてください。実際に折り紙を問題と同じように「切る、折る、広げる」ことを繰り返し行えば、いつの間にか図形問題を解くのに必要な知識や感覚が身に付き、イメージする力が付くようになります。

【おすすめ問題集】

Ｊｒ・ウォッチャー５「回転・展開」、８「対称」、31「推理思考」

問題4　分野：常識（複合）

観察　知識　考え

〈準　備〉　青のクーピーペン

〈問　題〉　**この問題４-１は縦に使用してください。**

（問題４－１の絵を渡す）

①絵を見てください。上の生きものが卵を産む場所を線でつなぎましょう。

②卵を産む生きものに○をつけましょう。

（問題４－２の絵を渡す）

③タケでできているものに○をつけましょう。

〈時　間〉　２分

〈解　答〉　下図参照

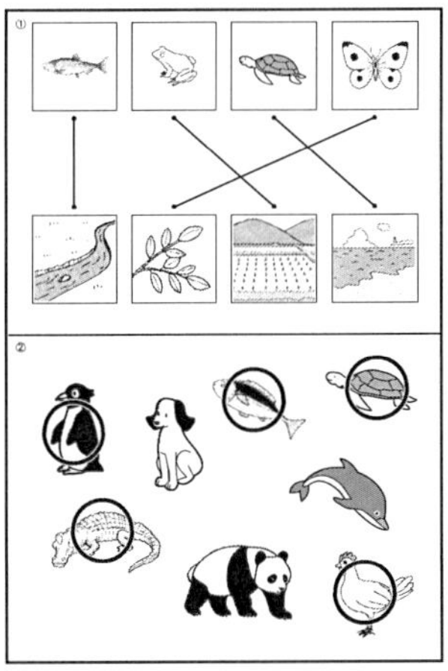

［2020年度出題］

学習のポイント

さまざまな分野の常識問題が出題されました。実際はイラストではなく、写真で出題されています。常識の問題の対策は知識を増やすということ以外ありません。間違えたものはさまざまなメディアを通じて正しい知識に触れておきましょう。①は生きものとその生きものの産卵する場所を線で結ぶ問題です。生きものは左から「サケ、カエル、ウミガメ、チョウチョ」です。見てわかる通り、産卵のために川をさかのぼる魚がいる、などの細かい知識が必要になります。サケ以外の川をさかのぼる魚はマス、アユなどです。②は卵を産む生きものに○をつける問題です。③はタケでできているものに○をつける問題です。珍しいものとして、タケでギターや鉛筆を作っているところもあるそうですが、ここでの解答は一般的な材木がタケであるものを選びます。

【おすすめ問題集】

Ｊｒ・ウォッチャー11「いろいろな仲間」、27「理科」、55「理科②」

問題5　分野：常識（季節・知識）

観察　知識　考え

〈準　備〉　青のクーピーペン

〈問　題〉　この問題５－２は縦に使用してください。
（問題５－１の絵を渡す）
①風で動くものに○をつけましょう。
（問題５－２の絵を渡す）
②上の段の絵を見てください。春が旬のものに○をつけましょう。
③下の段の絵を見てください。種のある野菜やくだものに○をつけましょう。

〈時　間〉　２分

〈解　答〉　下図参照

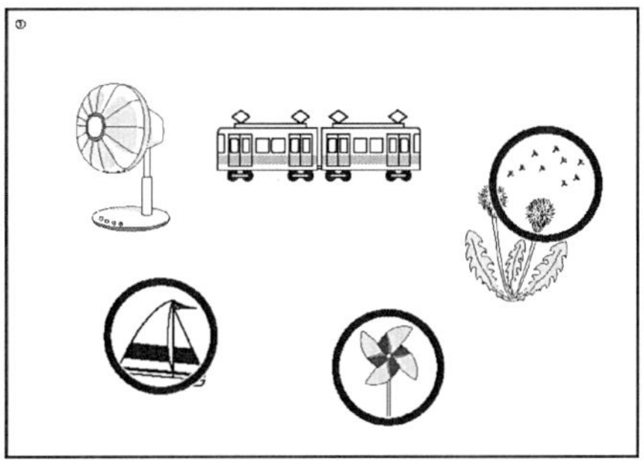

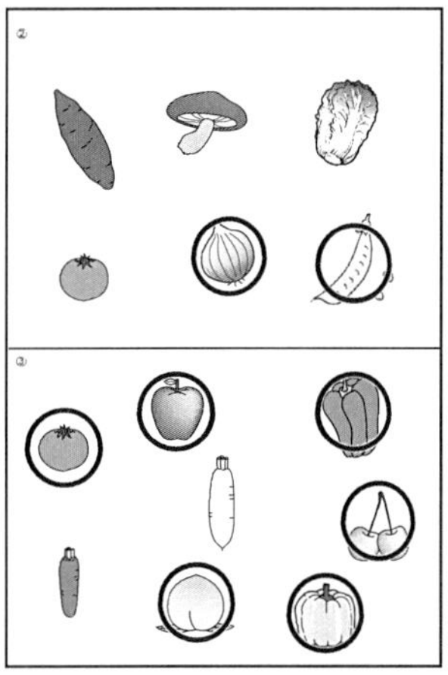

［2020年度出題］

学習のポイント

前問に引き続き、常識を問う問題で、該当するものに○をつけていきます。対策としては前問同様です。①は風を動力にするものに○をつけます。扇風機のように、言葉の中に「風」が入っているのに、動力が電気というものもあるので注意しましょう。②③は野菜の特徴や旬を問われています。お子さまに「旬」と言っても、あまりなじみがないでしょうから、少しでも「旬」を理解させるためにも、旬の野菜などをご家庭で積極的に料理の食材として使いましょう。また料理をする過程で、野菜を切る場面があれば、お子さまといっしょに確認してください。種があるもの、ないものを実際に見られます。料理ができ上がれば、「今日の料理の○○は旬だからおいしいよ」とでも言ってあげてください。お子さまが「旬」を意識するようになります。

【おすすめ問題集】
Ｊｒ・ウォッチャー11「いろいろな仲間」、27「理科」、34「季節」、55「理科②」

問題6　分野：数量（一対多の対応）

観察　考え

〈準備〉　青のクーピーペン

〈問題〉　左の円の中を見てください。この組み合わせでフルーツセットを作る時、余るくだものがあります。下の四角の中にあるそのくだものに○をつけてください。

〈時間〉　１分

〈解答〉　リンゴ

［2020年度出題］

家庭学習のコツ②　「家庭学習ガイド」はママの味方！

問題演習を始める前に、試験の概要をまとめた「家庭学習ガイド（本書カラーページに掲載）」を読みましょう。「家庭学習ガイド」には、応募者数や試験課目の詳細のほか、学習を進める上で重要な情報が掲載されています。それらの情報で入試の傾向をつかみ、学習の方針を立ててから、対策学習を始めてください。

学習のポイント

数量分野で出題の多い「一対多の対応」の問題です。絵を見ると、１つのお皿に、２つのサクランボ、２つのイチゴ、１つのリンゴがあります。１つのお皿の中のくだものが合計で５つと多いので、くだものをまとめて数えると数え間違いなどのケアレスミスが起きやすいです。それを防ぐためには、それぞれのくだものを１つひとつ数えるようにしましょう。例えば、サクランボ２つを１つにまとめて○をつけるというようにします。この動作を繰り返しほかのくだものでも行ってください。すると、２つのサクランボ、２つのイチゴのセットが５つ、リンゴは６個なので、５セット作ることができ、１つ余ることがわかります。その結果、正解がリンゴだとわかります。ただし、印を付けるというのはあくまで、ハウツーとして行う補助的なものです。最終的には、10までぐらいのものであれば、ひと目でわかる程度の「数に対する感覚」を身に付けるようにして入試に臨んでください。

【おすすめ問題集】

Ｊｒ・ウォッチャー14「数える」、37「選んで数える」、42「一対多の対応」

問題7　分野：複合（言語・常識）

知識　語彙　考え

〈準　備〉　青のクーピーペン

〈問　題〉　**この問題の絵は縦に使用してください。**

①「こいのぼり」から始めて季節の順番通りに線を引きましょう。

②「クマ」から始まって、「クマ」に戻ってくるようにしりとりをして、線を引きましょう。しりとりに使わないものは×をつけましょう。

〈時　間〉　１分

〈解　答〉　下図参照

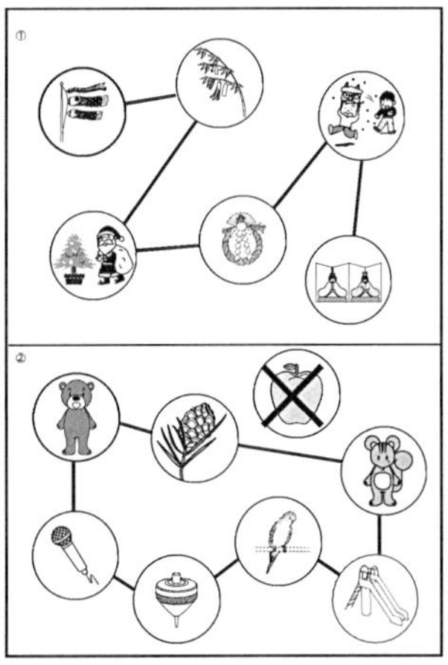

［2020年度出題］

学習のポイント

①は季節についての常識分野の問題です。当校入試の頻出分野ですから、対策学習は行っておきましょう。ここでは季節の行事順に線を引くという形で出題されています。内容は基礎的なものですが、出題の順番が「こいのぼり」から始まって「ひなまつり」で終わることに戸惑うお子さまもいるかもしれません。年末の行事だからといってクリスマスが最後と決まっている訳ではないのです。②は言語分野の問題です。言語分野の間違えるケースは２つあります。１つはそのものを知らなかった場合です。この場合は常識分野同様にさまざまなメディアを通し、知識を増やしてあげてください。もう１つは、ものの名前の覚え方がご家庭独特なものか、赤ちゃん言葉であることです。せっかく「もの」として理解しているのに、「ことば」として間違ってしまうのはもったいないことです。お子さまに覚え直させることもひと手間になってしまうので、今からは、お子さまの知らないものがあれば、しっかりと正しい名前で教えるようにしましょう。

【おすすめ問題集】

Ｊｒ・ウォッチャー18「いろいろな言葉」、34「季節」

問題8　分野：常識（マナー）

観察　知識

〈準備〉　青のクーピーペン

〈問題〉　絵の中でいけないことをしている人に○をつけましょう。

〈時間〉　１分

〈解答例〉　下図参照

［2020年度出題］

学習のポイント

「車内で携帯電話を使用する」、「つり革で遊ぶ」、「ホームで大声で叫ぶ」などといった、他人に迷惑をかける行為や、「白線の内側に入る」、「ホームで走る」など、危険を招く行為は、公共の場でのマナーに反します。また、公共の場でアメやお菓子をふだんから食べているお子さまは、それがマナー違反だという認識がないかもしれません。常識に関することは、「～してはダメ」とお子さまに言うだけではなかなか身に付きません。何が良くて、何が悪いのか、行為の良し悪しだけを教えるのではなく、どうしてそれが悪いのかもあわせて指導しないとお子さまは納得しないでしょう。「なぜ悪いか」を説明するのはそれほど難しいことではありません。「他人の迷惑になるから」「危険だから」という原則を説明すればよいのです。

【おすすめ問題集】

Ｊｒ・ウォッチャー56「マナーとルール」

問題9　分野：行動観察

公衆

〈準備〉　ボール（３つ：アメフトボール、ドッジボール、ビニールボール：野球ボールほどのサイズ）、２リットルのペットボトル２つ（水を半分位入れる）、500ミリリットルのペットボトル２つ（水をいっぱいいれておく）、紙コップ（４つ：２つ１組にしてセロハンテープで留めます）、風船２つ（膨らませておく）、ビニールテープ（１～２メートルほどの四角を作る、投げる位置の線をその四角から２メートルほど離れたところに作る）

ビニールテープで作った四角の中に、２リットルのペットボトルと500ミリリットルのペットボトル、紙コップでつくったピン、風船それぞれ２つずつを均等に置きます。

〈問題〉　**この問題の絵はありません。**

今からピンを倒すゲームをします。

①どのボールを使うか選んでください。

②今、立っている線からボールを投げたり、転げたりして、ピンを倒してください。１番大きいピンを倒せるように頑張りましょう。風船に当たってしまったら、１番大きいピンを倒しても、倒したことにならないので注意しましょう。２回投げることができます。

〈時間〉　１分

〈解答〉　省略

［2020年度出題］

学習のポイント

さまざまなもので作られたピンを倒すゲームです。どのボールを選ぶのか自由です。なぜそれを選んだのかなど聞かれることはありませんから、指示に従い、スムーズにこなすようにしていきましょう。ここで観られているのは、指示を素直に聞けて、すぐ行動に移すことができるかどうかです。大きいピンを倒せるようにしましょうという指示があるのに関わらず、最初からあきらめて違うピンに当てようとしたり、どのボールにしようかなかなか選べなかったりすることはやめましょう。もちろん、大きいピンを倒せなかったからといって、泣き出すということは絶対にやめましょう。

【おすすめ問題集】
Ｊｒ・ウォッチャー29「行動観察」

問題10　分野：親子面接

聞く　話す　公衆

〈準 備〉　なし

〈問 題〉　**この問題の絵はありません。**

（質問例）

【保護者への質問】
・国立や私立の小学校がたくさんある中で、なぜ本校を選ばれたのか、志望理由をお聞かせください。
・学校体験などの公開行事に参加されましたか。ご感想をお聞かせください。
・お子さまはどんな子ですか、具体的なエピソードをお聞かせください。
・お子さまの現時点での課題は何だと思いますか。
・本校の教育プログラムについてどのように思われますか。
・本校に求めるものは何ですか。一言で言ってください。
・子育てでどのようなことに気を付けていますか。
・入学されてお子さまが仲間外れにされていると聞いたらどうしますか。

【志願者への質問】
・受験番号と名前を言ってください。
・昨日は幼稚園に行きましたか。また、どのようなことをしましたか。
・お誕生日はいつですか。去年のお誕生日は何をしてもらいましたか。
・好きな絵本を教えてください。
・おうちの人に、どんな時にほめられますか。
・お父さんとお母さんはどんな時に仲良しだと思いますか。
・朝ごはんは何を食べましたか。

〈時 間〉　適宜

〈解 答〉　省略

［2020年度出題］

学習のポイント

Ａ日程では、試験日の約３週間前～前日までに、保護者と志願者の面接が行われました。まず、待合室（ダイニングルーム）で３～５組が待機し、開始５分前に控室に移動してから入室します。先生より「椅子の後ろに立ってください」という指示があります。そこで保護者は挨拶をします。志願者へは「あなたの名前と幼稚園の名前を教えてください」という質問がされ、それに答えた後に「お座りください」という指示が出され着席します。上記の質疑応答はその後に始まりました。志願者には、質問への回答に対して、「どうしてですか？」など、追加で質問がされることがあるので注意しましょう。保護者の方に対して「当校を志願するのはなぜか」と志望動機に関する質問が多くされます。これだけは理由をはっきりと言えるように準備しておきましょう。

【おすすめ問題集】
新 小学校受験の入試面接Ｑ＆Ａ、面接テスト問題集、面接最強マニュアル

問題11　分野：運動

聞く　公衆

〈準 備〉　ボール、的あての的、ビニールテープ

〈問 題〉　**この問題には絵はありません。**
※ＤＶＤで運動の説明を受け、教室から体育館に移動して実施。待機時は、壁の絵を見て三角座り。③は、あらかじめ反復タッチをする印をテープで床につけておく。
これから運動をします。
①マットの上をクマ歩きで進む。
②ボールのカゴの前まで来たら、壁の的に向かってボールを投げる。投げる時は白線を越えないようにする。
③真ん中の線をまたぎながら反復タッチをする。

〈時 間〉　15分

〈解 答〉　省略

［2020年度出題］

学習のポイント

Ａ日程の運動の課題は３、４種類続けて行うサーキット形式で行われました。注意したいのは、②のボールを使った課題です。お子さまがボールの扱いに苦手意識を持っている場合は、とにかくボールに触れる機会を増やしてください。ボールの扱いに慣れてきたら、距離に合わせて投げる力を調整するなどの１つ上の段階に進みましょう。時間をかければこの課題程度のボール投げはできるはずです。とは言っても、運動の出来はあまり関係ありません。運動の課題は行動観察の１つですから、指示の理解と取り組む態度を観られていると思ってください。真剣に取り組むのは当然ですが、指示とは違うことをしていると、いくら一生懸命でもよい評価は得られないのです。Ｂ日程で出題された運動は、「自由遊び」でした。

【おすすめ問題集】
新運動テスト問題集、Ｊｒ・ウォッチャー28「運動」

問題12　分野：集団面接

聞く　話す　公衆

〈準　備〉　カード（赤、青、黄が２枚ずつ）

〈問　題〉　**この問題の絵はありません。**

（教室）
今からお話が流れますので、よく聞いてください。
（絵本「はじめてのおつかい」を読み聞かせている映像が流れる）
映像を聞き終えたら、４～５人ずつ先生に呼ばれます。
（さきほどとは違う部屋）
誰がどの席に座るか話し合って、席に座ってください。
さきほど見たお話について聞きます。
①みいちゃんはお母さんに何を買うように言われましたか。「ミカン」だと思うならば赤のカード、「牛乳」だと思うならば青のカード、「お肉」だと思うならば黄色のカードを選んでください。
②みいちゃんはお店のおばさんにおつりの10円玉を何枚受け取りましたか。「１枚」だと思うならば赤のカード、「２枚」だと思うならば青のカード、「３枚」だと思うならば黄色のカードを選んでください。

〈時　間〉　適宜

〈解　答〉　①青（牛乳）　②青（２枚）

［2020年度出題］

学習のポイント

この課題はＢ日程で出題されたものです。まず最初に絵本の映像を観ます。そのあと５人ずつ順番に呼ばれ、呼ばれたメンバーで座る席を話し合って決めます。みんなが座った後に、さきほどのお話の内容についての質問が聞かれるという形式で課題が行われました。ここで観られているポイントは、ちゃんとお話を聞けているかどうか、席をしっかり話し合って決めたかどうかです。この行動観察の課題はお話の記憶の複合問題でもあるので、お話の内容をきちんと把握できているかどうかは最低限できるようにしておきたいものです。席をしっかり話し合って決めたかどうかは、その子の協調性を観ています。Ｂ日程ではペーパーテストがなく、面接も保護者だけなので、こういったところでお子さまの様子を観ているといってもよいでしょう。対策としては、公園などで見知らぬ子どもと接する機会を増やすということなどです。繰り返し行っていけば、入試会場のような緊張する場所でも、対策をとっていないほかのお友だちよりはリラックスでき、自分の意見が言いやすい環境が作れます。

【参考絵本】

『はじめてのおつかい』（著：筒井頼子、絵：林明子／福音館書店）より

【おすすめ問題集】

新口頭試問・個別テスト問題集

問題13　分野：お話の記憶

聞く　集中

〈準備〉　青のクーピーペン

〈問題〉　**この問題の絵は縦に使用してください。**

たけしは家の前で、よっちゃんがお母さんと出かけているのを見ました。ゆうじくんも、さっき、お母さんと市場へ行きました。たけしのお母さんは、留守です。赤ちゃんが産まれたので、ずっと町の病院に泊まっています。「早く帰ってくればいいのになあ」その時、おばあちゃんが呼びました。「たけし、お母さん今日帰ってくるって、今電話があったよ」「うわーいっ！」たけしは、そこら中ぴょんぴょん飛び跳ねました。
ぴょんぴょん跳ねて角を曲がると、ゆみちゃんに会いました。「どうして跳ねてるの？」「お母さんが帰ってくるんだーいっ！」「迎えに行くの？」ゆみちゃんが聞きました。「うん」と勢いよく言って、たけしは走り出しました。駅で待っていればお母さんに早く会えます。「遠いけど、１人だって行けるさ」たけしはどんどん坂を下りました。「お母さん迎えに行くんだ」坂の下でひろしくんに会いました。「おみやげあるの？」ひろしくんが聞きました。「うん」たけしは答えました。だけどおみやげなんてあるでしょうか。「あるといいな、いいな、いいーな」歌いながらスキップで行くと、みよちゃんが来ました。「いいなって、何がさあ」アイスクリームをなめなめ、みよちゃんが聞きました。「おみやげ。お母さんが帰ってくるんだ」「へえ。何のおみやげ、教えて？」「知ーらない。いいもん」「ねえ、ねえ何さ？」「ひみつ」「けちんぼ。あ、おみやげなんて嘘なんだ。嘘ついてると、舌が縮んで、なぁんにも話せなくなって、なぁんにも食べられなくなるってさ」みよちゃんが長い舌で、べろりとアイスクリームをなめました。「べえっ」たけしも、べろりと舌を出して駆け出しました。
「『ひかりごう』すごいよ。ドアも開くんだよ。たけしくん、こんなの持ってる？」と、プラモデルを見せながら、お医者さんの角で、こうじくんが呼びました。「ううん」「ぼくの家へ来たら貸してあげるよ。でも、来なきゃ貸さない」「いいよ。もっとすごいおみやげがあるもん。ぼく、お母さんを迎えに行くんだ」と、言ったとたん、たけしはちょっと心配になって、舌を動かしてみました。大丈夫、舌はちゃんとしています。学校の前を通って、消防署の角を曲がって、たけしは急ぎました。誰もいない銀行の陰は暗くて、たけしは大急ぎで走りました。やっと駅に着きました。お母さんはいません。たけしは待ちました。電車が着きました。でも、お母さんは降りてきません。また、電車が着きました。でも、お母さんはまだです。たけしは待ちました。また、電車が着きました。たけしは伸び上がって探しました。でも、お母さんは出てきません。たけしは脚が痛くなって、椅子に座りました。「ちび、何してるんだい」いつも意地悪をする子たちです。「お母さんを待っているんだ」たけしが言いました。「へへっ。甘えんぼうめ。お母さんを待っててどうするんだい。おっぱいもらうの」「だ、だって、おみやげがあるもん」「何のおみやげ？　ままごと？　人形？」「ちがうよ」「ミニミニミニカー？」「もっと大きいもん」「レーシングカー？」「もっとすごいもん！」「へえ！　じゃ何だい。言ってみろ」「言ってみろ言ってみろ」みんなに言われて、たけしは胸がドキドキして、ぐっとのどがつまりました。あれっ！？　舌が痛いっ。口の中がカラカラです。「縮んだ。すごいおみやげがあるなんて嘘ついたから、舌が縮んだ。どうしよう」胸はドッキンドッキン。じゅわっと涙が出てきました。「あ、泣くよ泣くよ」みんながわっと逃げました。泣いたってお母さんはいません。お母さんはどうしたのでしょう。また電車が着いたのに、お母さんは降りてきません。もう電気がついたのに、今日は帰ってこないのでしょうか。
「たけしっ！」おばあちゃんが走ってきました。「どうしたの？　さあ、早く早く。もうお母さん帰ってくるよ」おばあちゃんはたけしの手を引っ張って、どんどん歩き出しました。帰ってなんかこない。ずっと待っていたけど、帰ってこなかった。でも、舌が痛くて動きません、喉がヒリヒリ痛みます。たけしは、黙ったまま引っ張られていきました。

「ほらほら、あれだあれだ」角を曲がると、ちょうど家の前にタクシーが停まってドアが開きました。お父さんです。うしろから、あっ！「お母さーん！」大声で呼んで、たけしは走り出しました。「お母さん！」「どうしたの？　どこへ行ってたの？」お母さんが聞きました。「駅。待ってたの。電車で帰ると思ったの。ああ、お母さん。ぼく、話せるね。舌、縮んでないね」「舌？　舌がどうしたの？」「ぼく、みんなに、大きいすごいおみやげがあるって言ったの。そしたら、舌がすごく痛くなったの。嘘をつくと、舌が縮むんだって」「ねえ、たけし」と、お母さんが聞きました。「おみやげって何？　何が欲しかったの？」たけしは考えました。でも、「わかんない。もういい。お母さんが帰ってきたから、ぼくもういい」すると、お母さんがたけしの膝にそっと赤ちゃんを乗せました。「これ？　大きいすごいおみやげって、これ？」「うん！　これだ、これだね。お母さん、ぼく嘘つかなかったねえ！」赤ちゃんが小さい口をふわっと開けて、小さいあくびをしました。「かわいいねえ！」「たけしお・に・い・ちゃん」と、お母さんが、たけしの耳に内緒声で言って、「ふっふっふっ」と、笑いました。たけしも「ふふふ」と、笑いました。

『おおきなおみやげ』（著：松野正子、絵：吉本隆子／福音館書店）より

（問題13の絵を渡す）
①たけしがお母さんを迎えに行ったのはどこですか。
②お友だちのみよちゃんは、嘘をつくとどうなると言いましたか。「お友だちと遊んでもらえなくなる」と言ったならイチゴに○を、「お母さんからのおみやげがもらえなくなる」と言ったならバナナに○を、「舌が縮んでなぁんにも話せなくなって、なぁんにも食べられなくなる」と言ったならスイカに○をつけましょう。
③たけしを駅まで迎えにきたのは、誰でしたか。
④お母さんは、家まで何に乗って帰ってきましたか。
⑤お母さんからたけしへのおみやげは何でしたか。
⑥お母さんが入院している時、たけしはお友だちとお友だちのお母さんが歩いているのを見て、どう思いましたか。「楽しくなった」ならイチゴに○を、「一緒にお友だちと歩きたくなった」ならバナナに○を、「お母さんと一緒で羨ましくなった」ならスイカに○をつけましょう。

〈時間〉　各12秒

〈解答〉　①右端（駅）　②右端（スイカ）　③左から２番目（おばあちゃん）
④右から２番目（タクシー）　⑤右から２番目（赤ちゃん）
⑥右端（スイカ）

［2019年度出題］

学習のポイント

今回のお話の記憶の問題では、『おおきなおみやげ』（著：松野正子、絵：吉本隆子／福音館書店）が使用されました。当校のお話の記憶の問題は、常識外の長さで、10分程度の読み聞かせが行われます。それが小学校入試として許されることなのかどうかはともかく、記憶するコツとしては、「いつ」「どこで」「誰が」「何を」「どうしたか」を気にしながらお話を聞く練習をすることです。１つひとつの場面を想像したり、お話の流れに沿って、頭の中でその情景を思い浮かべたりしながらお話を聞くと、登場してくる人物やその内容が記憶しやすくなります。このような方法で記憶できているかどうかを確かめるには、一度設問に答えさせた後、書いてある設問以外の質問をしてみてください。今回のお話では、例えば「駅におばあちゃんが迎えに来るまでに出会ったのは誰で、どんな順番だったか」「みよちゃんが食べていたものは何だったか」「こうじくんが持っていたものは何だったか」などです。さまざまな質問をすることで、お子さまがお話を聞くコツを身に付けているかを判断しやすくなります。

【おすすめ問題集】

１話５分の読み聞かせお話集①・②、お話の記憶 初級編・中級編・上級編、
Ｊｒ・ウォッチャー19「お話の記憶」

問題14　分野：推理

観察　考え

〈準 備〉　青のクーピーペン

〈問 題〉　**この問題の絵は縦に使用してください。**
①１番長い鉛筆に○をつけましょう。
②水の入ったコップに氷を入れるとどうなるでしょう。○をつけましょう。

〈時 間〉　各20秒

〈解 答〉　①左から２番目　②左端

［2019年度出題］

学習のポイント

①は長短比較の問題です。この問題の鉛筆は、両端はそろっていません。そして、正解である左から２番目の鉛筆は、下の方だけを見ると１番短く見えます。このように基準を合わせにくいと難しいですが、「四角より下は隣の鉛筆より短いけれど、四角より上はそれよりも長い」と、ほかとの差が上のほうが長いと気付けば、答えにたどり着くことができます。②は常識問題です。「水の入ったコップに氷を入れたら、氷は浮かぶ」ということを知っていれば簡単な問題と言えるでしょう。例年当校では、日常生活から常識分野の問題が出題されることが多いので、「氷が溶けるとどうなるか」「水に浮かぶものはどんなものか、浮かばないものはどんなものか」といった理科的常識の話も、お子さまとしておくとよいでしょう。

【おすすめ問題集】

Ｊｒ・ウォッチャー15「比較」、27「理科」、31「推理思考」、55「理科②」、
58「比較②」

問題15　分野：推理（図形）

観察　考え

〈準備〉　青のクーピーペン

〈問題〉　（問題15の絵を渡す）
左の折り紙は、どの紙を折ったものですか。右の４つの中から１つ選んで○をつけましょう。

〈時間〉　１分

〈解答〉　①左端　②右端

［2019年度出題］

学習のポイント

この問題は、図形要素を大きく含んだ推理問題です。このような問題は、実際に折り紙で折って練習しましょう。問題以外にも、さまざまな折り方があります。ふだんの折り紙遊びの中で、具体物を作る途中で一度紙を開いてみるなどして、楽しみながら折り目を観察していきましょう。この問題に限らず、図形の問題は、慣れないうちは、パズルや折り紙など、問題と同じものを実際に使って練習するようにしてください。図形の持つ法則性やパターン、例えば「右に１回転させると模様はどうなるか」「折り紙を折ってハサミで切り、広げるとどのような形になるか」といった、感覚的に理解することに慣れていくと、図形を回転させたり、裏返したり、組み合わせたり、重ねたりといった操作が、イメージの中で行えるようになるでしょう。そうすれば、このような問題でも、折った時の折り目を頭の中でイメージしやすくなるでしょう。

【おすすめ問題集】
　Ｊｒ・ウォッチャー５「回転・展開」、31「推理思考」

問題16　分野：常識（複合）

観察　知識　考え

〈準 備〉　青のクーピーペン

〈問 題〉　**この問題16-1と16-2の絵は縦に使用してください。**
（問題16-1の絵を渡す）
①上の絵を見てください。同じ季節のものを線でつなぎましょう。
②下の絵を見てください。上の段に描かれた花の葉を下の段から選び、線でつなぎましょう。
（問題16-2の絵を渡す）
③同じ仕事のもの同士を線でつなぎましょう。
（問題16-3の絵を渡す）
④上の段に描かれた料理やデザートを食べる時に使う食器を下の段から選び、線でつなぎましょう。

〈時 間〉　2分

〈解 答〉　下図参照

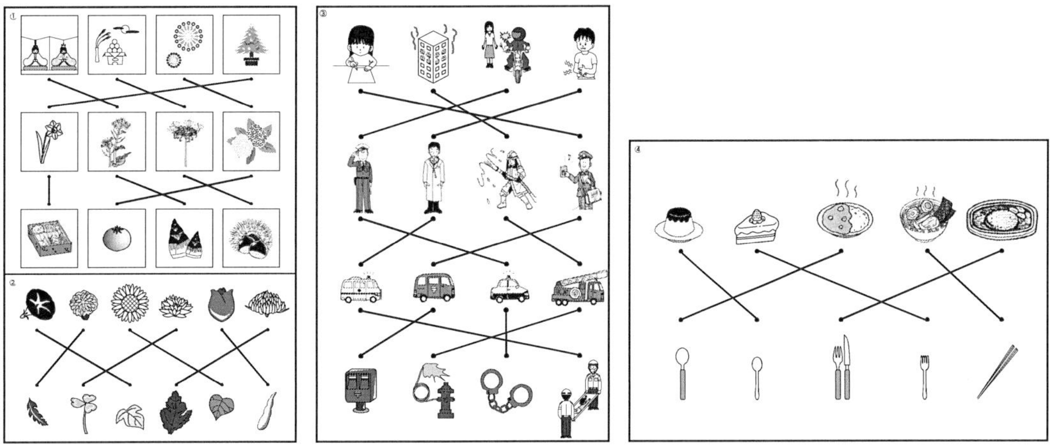

［2019年度出題］

学習のポイント

問題16と問題17は、さまざまな分野の常識問題です。当校の常識問題は、生きものの生態、理科的知識、季節、日常生活についてなど、幅広い知識が問われます。こうした知識を覚えるためには、身近なものに対する観察力と好奇心、そして正しい知識を手に入れられる環境をつくることです。どこかへ出かける時は、お子さまとできるだけ歩いて、さまざまなものを一緒に見るように心がけましょう。虫、花、職業に関係するもの、歩いていて目についたさまざまなものを観察して、お子さま自身が興味を持つように問いかけたり、帰ってから図鑑などで見返したりすることで、知識はどんどん増えていきます。

【おすすめ問題集】
Ｊｒ・ウォッチャー11「いろいろな仲間」、12「日常生活」、27「理科」、34「季節」、55「理科②」

問題17　分野：常識（複合）

観察　知識　考え

〈準備〉　青のクーピーペン

〈問題〉　**この問題の絵は縦に使用してください。**
（問題17－1の絵を渡す）
①上の絵を見てください。影のつき方が正しくない絵に○をつけましょう。
②下の絵を見てください。セミの羽と足と顔を選んで○をつけましょう。
（問題17－2の絵を渡す）
③上の絵を見てください。夏の公園に持っていくものに○をつけましょう。
④下の絵を見てください。磁石がくっつくものに○をつけましょう。

〈時間〉　2分

〈解答〉　下図参照

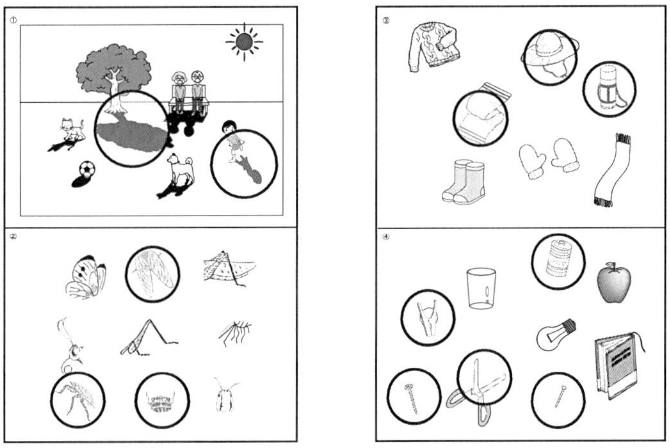

［2019年度出題］

学習のポイント

前問に引き続き、常識を問う問題で、該当するものに○をつけていきます。影のつき方、磁石のつき方などについては、実際に外に出て太陽に対して自分の影がどちらに出ているか見てみる、家にあるいろいろなものに磁石をつけてみるなど、さまざまな実体験を通して習得していきましょう。また、問題16の②、問題17の②などでは、花の葉の形や、虫の足の生え方や形などが問われています。実際にはカラー写真で出題されました。当校では、このような理科的な常識問題の出題が例年目立ちます。理科分野の常識問題の対策として、とくにポピュラーな植物や虫については、ふだんから細かなところまで、直接観たり図鑑などで調べたりして、よく観察してください。植物の花・葉・実の形状やそれらの季節、生きものの部位の形状や種類（卵で生まれる生きものかどうかなど）を知っておくことで、試験当日どんな問題が出ても慌てないで対応できるでしょう。

【おすすめ問題集】

Ｊｒ・ウォッチャー11「いろいろな仲間」、12「日常生活」、27「理科」、34「季節」、55「理科②」

問題18　分野：数量・図形

知識　観察　考え

〈準備〉　青のクーピーペン

〈問題〉　**この問題の絵は縦に使用してください。**

①上の絵を見てください。角の数が同じもの同士を線でつなぎましょう。

②下の絵を見てください。絵のように「大縄跳び」をして遊びます。子どもたち全員で大縄跳びをして遊ぶには、縄跳びはいくついりますか。右側の縄跳びに○をつけましょう。

〈時間〉　1分

〈解答〉　①（上段から線をつなぐのは、左から）

四角形…右から2番目
五角形…右端
三角形…左端
六角形…左から2番目

②2つ

［2019年度出題］

学習のポイント

①は、角の数を数えるという、少し珍しい図形分野の問題です。上の段はわかりやすい角の形になっていますが、下の段の左から2番目や右端の図形のように、へこんでいる部分も角ということを、お子さまに説明してあげましょう。②の問題は、数量分野で出題の多い「一対多の対応」の問題です。絵を見ると、1本の縄跳びで、3人の子どもが跳び、2人の子どもが縄を回しています。縄を回す2人もいることに気付いた上で、全員遊ぶにはいくつの縄跳びが必要か考えましょう。わかりにくい時は、絵の子どもを1人ずつ線で消していったり、おはじきを10個用意して、5個ずつセットにしてみたりして、考えるとわかりやすくなるかもしれません。ただし、印を付けるというのはあくまで、ハウツーとして行う補助的なものです。最終的には、10までぐらいのものであれば、ひと目でわかる程度の「数に対する感覚」を身に付けるようにして入試に臨んでください。

【おすすめ問題集】

分野別 苦手克服問題集 図形編
Ｊｒ・ウォッチャー14「数える」、42「一対多の対応」

問題19　分野：言語

知識　語彙　考え

〈準備〉　青のクーピーペン

〈問題〉　「とる」という言葉を使う絵に○をつけましょう。

〈時間〉　1分

〈解答〉　下図参照

［2019年度出題］

学習のポイント

本問は、「とる」という動作をしている絵を探す問題です。同じ「とる」でも、「すもうをとる」「舵をとる」「注文をとる」「帽子をとる」「虫をとる」と、違う動作を示していることを、きちんと理解しておきましょう。同じ読み方をする動詞には、ほかにもさまざまな言葉があります。例えば、「かける」「あげる」など、そのほかの言葉がどんな時に使うのか例を挙げて、お子さまに考えさせてみましょう。また、動作を表現する擬態語は、その動作を見たり行ったりしながら教えると、格段に覚えやすくなります。例えば「ノロノロ歩く」という表現があれば、その様子を保護者の方が目の前で演じて見せましょう。このように小学校受験で出題される言葉は、いずれも生活の中で実際に行ったり、聞いたりすることのある馴染み深いものです。ご家庭でのお手伝いの時にも、「ハンガーに服をかけてね」「ドアをトントンノックしてみて」という形で動作を言葉にすると、お子さまも覚えやすいかもしれません。

【おすすめ問題集】

Ｊｒ・ウォッチャー18「いろいろな言葉」

問題20　分野：言語

聞く　語彙

〈準備〉　青のクーピーペン

〈問題〉　**この問題の絵は縦に使用してください。**

①上の絵を見てください。今から言う絵に○をつけてください。
「川のそばに、２階建ての家があります」

②下の絵を見てください。動物たちに「どこへ行ったの？」と聞くと、次のように答えました。正しく答えている動物に○をつけてください。

ウサギ「おばあちゃんのところに行ったよ」
キツネ「新幹線に乗ってきたよ」
クマ「カニと遊んだよ」
ゾウ「川に遊びに行って、小さいカニと遊んだよ」

〈時間〉　各15秒

〈解答〉　①右上（川のそばにある２階建ての家の絵）　②左上（ウサギ）

［2019年度出題］

学習のポイント

本文は、出題者の言った言葉を聞き、それに該当するものを選ぶという、言葉による表現とそのイメージを結びつける問題です。①のキーワードは、「川のそば」と「２階建て」です。選択肢の絵はどれも似ているので紛らわしいですが、よく聞いていれば、さほど難しくはないでしょう。②は、どれを聞いても正解に思えてしまうかもしれない選択肢です。質問が「どこへ」となっているので、場所のみを答えているウサギが正解です。このように、質問した内容に対して、質問とは違うことを答えたり、余計なことを付け足したりせず、的確に答えるというのは、もっとも基本的なコミュニケーションで、お子さまが成長する中で必ず身に付けなくてはならないことです。入学してから最初に学ぶコミュニケーションの形でもあります。学校としては「最低限これができないと困る」という意味での出題ですから、必ず正解できるようにしておきましょう。

【おすすめ問題集】
Ｊｒ・ウォッチャー20「見る記憶・聴く記憶」

関西学院初等部　専用注文書

年　　月　　日

合格のための問題集ベスト・セレクション

＊入試頻出分野ベスト３

1st　お話の記憶　集中力　聞く力

2nd　常　識　知　識　観察力

3rd　推　理　思考力　集中力

長時間の考査のため、忍耐力と集中力が必要です。幅広い分野の学習が必要ですが、常識分野は理科的常識についてかなり細かい出題が目立ちます。しっかりと対策しておいた方がよいでしょう。

分野	書　名	価格(税抜)	注文	分野	書　名	価格(税抜)	注文
図形	Jr.ウォッチャー 5「回転・展開」	1,500円	冊	常識	Jr.ウォッチャー 55「理科②」	1,500円	冊
常識	Jr.ウォッチャー 11「いろいろな仲間」	1,500円	冊	常識	Jr.ウォッチャー 56「マナーとルール」	1,500円	冊
常識	Jr.ウォッチャー 12「日常生活」	1,500円	冊	推理	Jr.ウォッチャー 58「比較2」	1,500円	冊
数量	Jr.ウォッチャー 14「数える」	1,500円	冊		1話5分の読み聞かせお話集①②	1,800円	各　冊
数量	Jr.ウォッチャー 15「比較」	1,500円	冊		お話の記憶　中級編	2,000円	冊
言語	Jr.ウォッチャー 18「いろいろな言葉」	1,500円	冊		お話の記憶　上級編	2,000円	冊
記憶	Jr.ウォッチャー 19「お話の記憶」	1,500円	冊		新 個別テスト　口頭試問問題集	2,500円	冊
常識	Jr.ウォッチャー 27「理科」	1,500円	冊		面接テスト問題集	2,000円	冊
運動	Jr.ウォッチャー 28「運動」	1,500円	冊		新 小学校受験の入試面接Q＆A	2,600円	冊
観察	Jr.ウォッチャー 29「行動観察」	1,500円	冊		小学校受験で知っておくべき125のこと	2,600円	冊
推理	Jr.ウォッチャー 31「推理思考」	1,500円	冊		保護者の悩みQ＆A	2,600円	冊
常識	Jr.ウォッチャー 34「季節」	1,500円	冊		小学校受験入門　願書の書き方から面接まで	2,500円	冊
数量	Jr.ウォッチャー 40「数を分ける」	1,500円	冊				
図形	Jr.ウォッチャー 54「図形の構成」	1,500円	冊				

合計	冊	円

(フリガナ) 氏　名	電　話 ＦＡＸ E-mail
住　所　〒　　　－	以前にご注文されたことはございますか。 有　・　無

★お近くの書店、または記載の電話・FAX・ホームページにてご注文をお受けしております。
電話：03-5261-8951　FAX：03-5261-8953　代金は書籍合計金額＋送料がかかります。
※なお、落丁・乱丁以外の理由による商品の返品・交換には応じかねます。

★ご記入頂いた個人に関する情報は、当社にて厳重に管理致します。なお、ご購入の商品発送の他に、当社発行の書籍案内、書籍に関する調査に使用させて頂く場合がございますので、予めご了承ください。

日本学習図書株式会社
http://www.nichigaku.jp

※問題を始める前に、本文１頁の「本書ご使用方法」「ご使用にあたっての注意点」をご覧ください。

保護者の方は、別紙の「家庭学習ガイド」「合格ためのアドバイス」を先にお読みください。
当校の対策および学習を進めていく上で、役立つ内容です。ぜひ、ご覧ください。

〈雲雀丘学園小学校〉

2020年度の最新問題

問題21　分野：お話の記憶

聞く　集中

〈準 備〉　鉛筆

〈問 題〉　**この問題の絵は縦に使用してください。**
お話を聞いて、後の質問に答えてください。

太郎くんと花子さんが公園でお話をしていました。その時花子さんは、太郎くんの小指に絆創膏が貼られていることに気付きました。花子さんが「どうしたの」と聞くと、太郎くんは「昨日野菜を切っている時に小指にけがをしたんだよ」と言いました。花子さんは「お料理できるなんてすごいね」と言いました。太郎くんは「キャベツとピーマンとニンジンを切って、お鍋で炒めただけだよ」と答えました。その後、太郎くんは花子さんに、「昨日は何をしてたの？」と聞きました。花子さんは「妹とケンカばっかりしていたけど、公園に入って砂場で遊んで、次にジャングルジムで遊んだよ」と言いました。

①上の絵を見てください。太郎くんがけがをした指に○をつけてください。
②真ん中の絵を見てください。鍋に入っていなかった野菜に○をつけてください。
③下の絵を見てください。はじめに遊んだものに○を、最後に遊んだものに×をつけてください。

〈時 間〉　各10秒

〈解 答〉　①小指　②右から２番目　③○：左端　×：左から２番目

［2020年度出題］

学習のポイント

当校のお話の記憶で扱われているお話は、一般的な小学校受験のものと比べて短いものと言えるでしょう。そのため、確実にお話を聞き取れるようにしておきましょう。なぜなら、ここでは「確実に聞くこと」以外は評価されることがないからです。この問題の設問を見ればわかる通り、質問はお話の内容に沿ったものばかりです。「誰が」「何を」「どのように」「どんな」といったことばかりですから、知識も必要はありませんし、考える必要もないということです。ただし、こうした問題は基礎ですからほとんどのお子さまが正解するものです。これを間違えてしまうと年齢相応の学力もない、情操もないと判断されかねません。それだけに集中して取り組みたい問題です。

【おすすめ問題集】
1話5分の読み聞かせお話集①・②、お話の記憶 初級編・中級編
Ｊｒ・ウォッチャー19「お話の記憶」

問題22 分野：数量（同数発見）

観察 集中

〈準 備〉 鉛筆

〈問 題〉 ゾウが持っている△の数と同じ数の△がある箱に、それぞれ○をつけてください。

〈時 間〉 30秒

〈解 答〉 サル：下　ライオン：上　カエル：真ん中

［2020年度出題］

学習のポイント

ランダムに描かれたものの中から、指示されたものを選んで数える同数発見の問題で例年出題されています。この問題を解くポイントは、図形を選んで数える視線を一定の方向に決めることです。例えば、左から右へ見るようにするなど自分でルールを決めてしまいます。そうすると数え間違いなどのケアレスミスは少なくなります。解答時間が30秒と短いですが、ふだんどおり解いていけば時間内で解くことができる問題です。少しでもふだんどおりに解けるようには数をこなすことでしょう。日頃の学習で類題を繰り返し解いていき、慣れていくことです。また、慣れてくると自然に自分でルールを作り、効率的に解くことを身に付けていきます。

【おすすめ問題集】
Ｊｒ・ウォッチャー14「数える」、36「同数発見」、37「選んで数える」

家庭学習のコツ③ 効果的な学習方法～問題集を通読する

過去問題集を始めるにあたり、いきなり問題に取り組んではいませんか？　それでは本書を有効活用しているとは言えません。まず、保護者の方が、すべてを一通り読み、当校の傾向、ポイント、問題のアドバイスを頭に入れてください。そうすることにより、保護者の方の指導力がアップします。また、日常生活のさまざまなことから、保護者の方自身が「作問」することができるようになっていきます。

問題23　分野：図形（積み木）

観察　考え

〈準備〉　鉛筆

〈問題〉　１番多く積まれている積み木に○をつけてください。

〈時間〉　１分

〈解答〉　右から２番目

［2020年度出題］

学習のポイント

どの積み木が１番積まれているかを答える問題です。図形分野でも積み木を扱った問題は当校でよく出題されるので必ずおさえておきたいものの１つです。積み木の問題で注意したいのは、「積み木の影になって絵に描かれていない積み木がある」ということです。お子さまがそのことをわからないようであれば、問題と同じ様に積み木を積んでお子さまに実物を使って説明してください。実際に実物を使って見ることは口だけで説明するよりもよほど早く理解できます。そして実物を使った学習を繰り返していけば、お子さまは絵に描かれていない積み木があるということをイメージできるようになり、ペーパーでも答えられるようになります。

【おすすめ問題集】

Ｊｒ・ウォッチャー16「積み木」

問題24　分野：推理（ブラックボックス）

観察　考え

〈準備〉　鉛筆

〈問題〉　１番上の段の絵を見てください。太陽と星のトンネルがあります。リンゴが太陽のトンネルに入ると２個増えて、星のトンネルに入ると１個減りました。では、真ん中の段のような場合だと、リンゴはいくつになりますか。下の段の四角の中で正しいものに○をつけてください。

〈時間〉　１分

〈解答〉　右から２番目

［2020年度出題］

学習のポイント

ブラックボックスを通るとどのように変化するかを聞かれている問題です。変化といってもほとんどは数が増える（減る）というものですから、じっくり考えるほどのものではありません。１つひとつ考えていけば自然に答えが出るはずです。「トンネル」を通ると△が▽になる」といった図形の要素を入れたり、ブラックボックスを通る回数を増やしたりと応用問題はありますが、当校ではおそらく出題されないでしょう。ブラックボックスの問題の仕組みや解き方を１通り覚えて、基礎はできるという状態でも充分に対応できると思います。

【おすすめ問題集】

Ｊｒ・ウォッチャー31「推理思考」、32「ブラックボックス」

問題25　分野：推理・図形

観察　知識　考え

〈準備〉　鉛筆

〈問題〉　左のスタンプを押すと、どうなりますか。正しいものに○をつけましょう。

〈時間〉　30秒

〈解答〉　右から２番目

［2020年度出題］

学習のポイント

鏡図形の問題です。出題されている図形は複雑なものではないので、その意味では基礎問題と言ってもよいでしょう。左右対称の図形は注意してみればすぐにわかります。観点はそこではないでしょう。では、何を観点としている問題なのかと言うと、くらしの中で判子やスタンプを押した経験の有無かもしれません。つまり、「判子を押すと実際に彫られている文字とは左右対称の絵や文字が押される」という生活体験、経験があるかどうかです。そういった経験があるということは、保護者の方が教育に熱心で、さまざまな学びの機会を与えているということやお子さまに好奇心があると学校側は考えているのでしょう。

【おすすめ問題集】

Ｊｒ・ウォッチャー31「推理思考」、48「鏡図形」

問題26　分野：常識（理科・季節）　知識

〈準備〉　鉛筆

〈問題〉　**この問題の絵は縦に使用してください。**
（問題26－1の絵を見せる）
①同じ季節の絵同士を線で結んでください。
（問題26－2の絵を見せる）
②上の絵を見てください。ブタの尻尾に○をつけてください。
③真ん中の絵を見てください。上と下の絵を見て、同じ果物同士を線で結んでください。
④下の絵を見てください。カエルの食べものはどれですか。正しいものに○をつけてください。

〈時間〉　各30秒

〈解答〉　①②③④下記参照

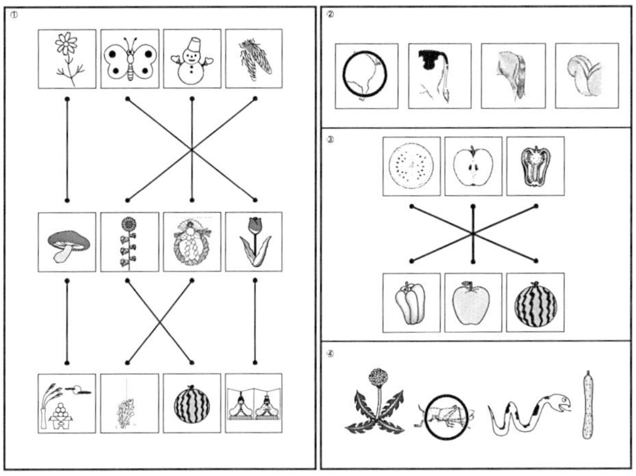

［2020年度出題］

学習のポイント

当校では常識分野の問題が頻出しています。理科的常識、季節、マナーなどさまざまな常識が出題されます。年齢相応に知っておくべき常識は、どのような方法でも構わないので知識を持っておきましょう。当校の出題の特徴は細部まで聞くことがあります。例えば、動物の場合は種別（「魚の仲間」程度にわかれば良いです）、特徴（卵生・胎生など）、棲息場所、主なエサなどが過去に出題されています。植物の場合は、開花・収穫時期、成長の様子（種と花の関係）などです。実際の試験では写真を使って出題されることがほとんどなので、できれば実物に近いイラストが載っているものやインターネットを使ってください。実物を遠くから見るよりはわかりやすい場合もありますが、実物をじっくり観察できる機会があれば、積極的に学習に取り入れてください。

【おすすめ問題集】
Ｊｒ・ウォッチャー12「日常生活」、27「理科」、55「理科②」

問題27　分野：言語

知識　語彙

〈準 備〉　鉛筆

〈問 題〉　**この問題の絵は縦に使用してください。**
上の絵を見てください。「こいのぼり」と「ねずみ」のはじめの音をつなげると、「ねこ」になります。このようにしてできるものを下の絵からも見つけて○をつけましょう。

〈時 間〉　各10秒

〈解 答〉　①右から２番目　②右から２番目

[2020年度出題]

学習のポイント

本問は、はじめの音が共通する言葉（同頭音語）を探す問題です。はじめの音をつなげる、ということをしっかり理解できていればそれほど難しくない問題でしょう。この問題が解けなかったお子さまは、「はじめの音」という意味がわからなかったのかもしれません。まずは言葉を構成する文字１つに対し、音が必ず１つあることを理解しましょう。例えば、「こいのぼり」ならば「こ・い・の・ぼ・り」と口を動かしていくと、５つの文字、音で構成されていることがわかります。はじめの音というのは、ここでいう「こ」にあたります。それでもわからないお子さまならば、言葉を発した時に、口が動いた数だけ手を叩いてみましょう。これを繰り返し行っていくと、言葉の音（おん）に対する理解が深まっていきます。

【おすすめ問題集】
Ｊｒ・ウォッチャー17「言葉の音遊び」、60「言葉の音（おん）」

問題28　分野：絵画（課題画）

創造　集中　聞く

〈準 備〉　黒のクーピーペン

〈問 題〉　①（クーピーペンを渡し、問題28の絵を見せる）
右の四角にお手本と同じように描きましょう。黒のクーピーペンを使ってください。
②この周りにあるものを、今描いた絵に描き加えてください。

〈時 間〉　①３分　②５分

〈解 答〉　省略

[2020年度出題]

学習のポイント

例年出題されている模写と課題画の制作課題です。まず、模写です。当校では構図が単純な「絵」を描きます。ただ、座標がある紙に描く点線図形よりは「どの位置にどのような線が描いてあるかを」把握して、自分の手で再現するという意味ではかなり難しい課題と言えるでしょう。しかし、取り組んでいる姿勢や態度を観ていますので、出来映えはほとんど評価されないでしょう。絵のバランスが少々おかしくても、あまり気にすることはありません。著しく観察力がないと評価されないように、部品が揃っていて、大体の位置関係があっていれば問題はありません。次に、課題画です。この課題では「花の周りに絵を描きなさい」という指示です。特に指定されていないので何を描いても自由ですが、できれば花の周りを飛ぶ虫とか、ジョウロ、植木鉢といったものなど、そこにあって不自然でないものを描いておきましょう。

【おすすめ問題集】

Ｊｒ・ウォッチャー22「想像画」、24「絵画」、新口頭試問・個別テスト問題集

問題29　分野：行動観察（歌とリズム）

創造　集中　聞く

〈準備〉　童謡の伴奏のＣＤ（「ブンブンブン」「チューリップ」「犬のおまわりさん」「大きな栗の木の下で」など）・再生機器

〈問題〉　①（問題29の絵を見せる）４枚の絵の中から、好きな絵を１つ選んでください。これから、選んだ絵の歌を流しますから歌ってください。（選んだ歌の伴奏を流す）。

②私（出題者）のお手本の後、同じように手を叩いてください。（以下のリズムで手を叩く）

１回目：タンタンタン（ウン）・タタタタタタタン

２回目：タンタタタンタタ・タタタタタン（ウン）

３回目：タタタンタタタン・タタタンタン（ウン）

４回目：タンタンタタタン・タンタタタン（ウン）

※「タン」は４分音符、「タ」は８分音符、「（ウン）」は４分休符

〈時間〉　①３分　②２分

〈解答〉　省略

［2020年度出題］

学習のポイント

①の課題は、選曲によって評価が変わることはありません。得意な歌を選択すればよいでしょう。『どんぐりころころ』『こいのぼり』『森のくまさん』『ぞうさん』『おもちゃのチャチャチャ』など、有名な童謡が多数出題されています。②は、リズム感覚の問題です。①と同様に、ふだんから歌や踊りを通してリズム感を養っておいてください。リズム感がないお子さまも、よく聞く歌に合わせて、一定のリズムで手を叩く、ジャンプするなどすれば、リズムとは何なのかがわかってくるはずです。なお、歌う時は恥ずかしがったりせず、前を向いて大きな声で元気よく歌えば、多少音程やリズムが狂っていたとしても悪い評価はされません。積極的な姿勢を見せましょう。

【おすすめ問題集】
新口頭試問・個別テスト問題集

問題30　分野：口頭試問・個別テスト

聞く　集中

〈準備〉　①問題30－1の絵を点線で切っておく。
②なし
③ペンマーカー5本、大きいクリップ20個ほど、小さいクリップ20個ほど、箱（3個、ペンマーカー、大きいクリップ、小さいクリップを入れておく）紙（クシャクシャにしておく）、ハサミ、ゴミ箱
※これらを机の上に置く。机の上では、紙や大小それぞれのクリップ5～6個を箱の外に置いていたり、マーカー1本をクリップの箱に入れておくなど少乱雑にしておく。ハサミは床に置く。
④折り紙
⑤なし
⑥なし
⑦なし
⑧大きさの違うコップ12個、水
⑨タングラム
⑩なし

家庭学習のコツ④　効果的な学習方法～お子さまの今の実力を知る

1年分の問題を解き終えた後、「家庭学習ガイド」に掲載されているレーダーチャートを参考に、目標への到達度をはかってみましょう。また、あわせてお子さまの得意・不得意の見きわめも行ってください。苦手な分野の対策にあたっては、お子さまに無理をさせず、理解度に合わせて学習するとよいでしょう。

〈問題〉　**この問題の①③④⑤⑥⑦⑩は絵はありません。**

①目を閉じて椅子に座ってください。先生が「よい」と言うまで目を閉じておいてください。

（問題30－１の☆の絵を見せる）

②この絵を見てください。あなたは絵の中の子になったつもりで、先生の質問に答えてください。先生「ねえ、ネズミさん風邪を引いたんだって大丈夫？」

（問題30－１の★の絵を見せる）

先生「ネズミさん、こないだ楽しいことがあったって言ってたけど、教えてくれる？」

（子どもが解答したら）

先生「それはよかったね、早く風邪よくなるといいね」

子ども「ありがとうございます」など

③机の上にたくさんのゴミがあるので片付けてください。ほかにもおかしいところがあれば直してください。

④折り紙を三角に折ってください。

（折り終えたら）

そこから何を折ることができますか。

⑤先生が言うことを繰り返してください。

「ある日、たろうくんが花子さんといっしょに公園で遊ぶ約束をしました」

⑥先生の質問に答えてください。

今日が水曜日だとすると、次の日は何曜日ですか。

⑦先生の質問に答えてください。

お鍋の音はグツグツといいます。では、そうめんを食べるときはどんな音ですか。

（問題30－１の◇の絵を見せる）

⑧・１番上の段を見てください。大きさの違う２つのコップに水が入っています。先生が棒でコップを叩いた時の音はどう違うと思いますか。

・上から２番目の段を見てください。同じ大きさのコップに水が入っています。それぞれ水の量は違います。先生が棒でコップを叩いた時の音はどう違うと思いますか。

・下から２番目の段を見てください。同じ大きさの３つのコップに同じ量の水が入っています。水の色は違います。先生が棒でコップを叩いた時の音はどう違うと思いますか。

・下の段を見てください。叩いた時に同じ音が出るコップはどれでしょうか。

（問題30－２の絵を見せる）

⑨上の四角を見てください。この形と同じものを下の四角の形を使って作ってください。

⑩次の質問に答えてください。

「今日は誰と来ましたか」

「お勉強はしてきましたか」

「好きな食べものと嫌いな食べものを教えてください」

〈時間〉　①１分　②２分　③１分　④20秒　⑤⑥⑦各10秒
⑧３分　⑨１分30秒　⑩１分

〈解答〉　①②③④⑤省略　⑥木曜日　⑦「ズルズル」など
⑧⑨⑩省略

［2020年度出題］

学習のポイント

例年出題されている口頭試問テストです。さまざまな分野からの質問があり、しかも口頭で解答をするので、頭の切りかえが大切です。「〇〇です」「××だと思います」と、ていねいに答えられるように指導してください。また②のように、登場人物の気持ちやセリフを感情を込めて表現することも観られるので、年齢相応にそういった表現ができるようにしましょう。質問を答える時、理由や考え方の説明など、1歩踏み込んだ説明ができるようにしておくとよいでしょう。そうすると。不意の質問に対応できるだけではなく、落ち着いて答えられるようになります。付け加えるなら、この問題を学習する時は保護者の方は途中で口をはさまないようにしてください。こうした口頭試問の問題では何より自分の言葉で答えることに意味があるのです。

【おすすめ問題集】

新口頭試問・個別テスト問題集

Ｊｒ・ウォッチャー21「お話作り」、54「図形の構成」

問題31　分野：行動観察

聞く　協調

〈準備〉　1.5リットルのペットボトル（水を３分の１程度入れておく）、500ミリリットルのペットボトル（水を半分ほど入れておく）、ビーチボール、紙コップなど、それらに輪ゴムを括り付けて、取手を作っておく。フラフープ２つ（１つのフラフープの中にさきほどの輪ゴムを括り付けてあるものを置いておく、もう１つはそのフラフープから約10メートル離れたところへ置く）

〈問題〉　この問題は絵を参考にしてください。

（この問題は、５人ずつのグループに分かれて行い、どれを運ぶかはグループで相談して決める）

今からみんなで協力して、輪ゴムの取手を１人１つ持って、フラフープの中にあるものをもう１つのフラフープの中へ運びます。

〈時間〉　適宜

〈解答〉　省略

［2020年度出題］

学習のポイント

当校では、5・6人のグループを対象にした行動観察が行われています。今回は輪ゴムを使って、水の入ったペットボトルなどを運ぶという、工夫も必要な課題ですが、一般的な行動観察と同様に主な観点は協調性であることに変わりはありません。基本的に積極的に行動をし、ほかの人の意見を聞いた上でどのように行動するかを決め、実行にうつせば、結果と関係なく協調性があると評価はされるはずです。無理に目立とうとすると、協調性がないと判断されるなど、かなり悪い印象を与えるので、そういった行動はしないようにしてください。また、人見知りが激しい、あるいはおとなしい性格のお子さまは、無理にアイディアを出したり、イニシアチブをとろうとしなくてもかまいません。そういう性格のお子さまだということを面接などでわかってもらうという前提はありますが、誰かの指示に従って、迷惑をかけないように行動できるというのも、1つの個性だからです。

【おすすめ問題集】
Ｊｒ・ウォッチャー29「行動観察」

問題32　分野：運動

聞く　集中

〈準備〉　平均台、お手玉（5個）、フラフープ（ケンパーできるように配置をする：ケンは1つ置き、パーは2つ揃えて置く。ケンパーケンパーケンケンパーの配置）、ドッジボール

〈問題〉　この問題の絵はありません。
（この問題は6人程度のグループで行う）
①私（出題者）が「1、2、1、2」と言います。その号令に合わせて、みんなで行進してください。前と間が詰まりすぎてはいけません（スタート地点へ向かう）。
②2人でよーいドンで直線上を走り、床に置かれたお手玉をとって帰りに先生にそのお手玉を渡してください（1往復のみ）。
③ボールを壁に当て、跳ね返ってきたボールを1回床に当ててからキャッチしてください（3回繰り返す）。
④1人ずつスタートして、平均台を渡ってください。自分の順番が来るまでは、三角座り（体育座り）で待っていてください。
⑤ケンパーをした後にスキップをしてください。

〈時間〉　20分

〈解答〉　省略

［2020年度出題］

学習のポイント

最初の行進は、毎年行われている運動の課題です。掛け声に合わせてキビキビと、行進できるように練習をしておいてください。手は真っすぐ伸ばし、足に合わせて前後に振ると、動きにメリハリが付くのでよい印象が残ります。また、前後の人との間隔にも気を配り、ぶつかったりすることがないようにしてください。課題として、難しい運動をするわけではありませんが、さまざまな指示が出されます。指示に混乱することだけはないようにしましょう。なお、運動しない間は三角座りで待つように指示されます。グループ全員の運動が終わるまで待機するのは当たり前ですが、途中で場所の移動といった指示が出ることもあります。自分の順番が終わったからといって、ボーッとしていてはいけません。

【おすすめ問題集】
新運動テスト問題集、Ｊｒ・ウォッチャー28「運動」

問題33　分野：保護者面接

聞く　話す　公衆

〈準 備〉　なし

〈問 題〉　**この問題の絵はありません。**

（質問例）

・志望理由をお聞かせください
・説明会には参加されましたか。その時の印象をお聞かせください。
・お休みの日にお父さま（お母さま）はお子さまとどのように過ごされていますか。
・お子さまは本日の面接のことをご存知ですか。また、そのことを聞いて何と言われましたか。
・子育てについて、特に気を付けていることをお答えください。
・お子さまの性格はどのような性格ですか。長所は何ですか。
・お子さまが夢中になっていることは何ですか。
・お子さまが入学された場合、お母さまはどのようなことを楽しみにしておられますか。
・「親孝行」を教えるには、どのようにすればよいとお考えですか。
・入学したら学校行事などに協力していただけますか。
・現在通っておられる幼児教室をお答えください。
・お父さまが信条としておられることはどのようなことかお聞かせください。
・併願されている学校はどこですか。

〈時 間〉　10分

〈解 答〉　省略

［2020年度出題］

学習のポイント

当校の面接は試験日の１～２週間前に日時を指定されて行われました。保護者１名と面接官２名で行われ、約10分間実施されました。よく聞かれる質問として説明会の印象についてなどがあります。それに参加して、何を見て期待に沿う学校だと感じたのか、志望理由と絡めて答えられるようにしておきましょう。それ以外の質問では、ご家庭での生活の様子、子育てについての考え方、学校生活に対する保護者の協力姿勢などが問われました。特に、学校生活への協力は、日常の連絡や宿題、学校行事への参加や補助、非常時の保護者による送迎など、さまざまな場面が想定された質問があります。ご家庭の状況を踏まえてどのような協力ができるのかを具体的に答えられるように、準備しておいてください。また、面接時間に余裕ができると、モニターにイラストが流れ、「その時どうしますか？」という対応を求める質問もされるそうです。例をあげると、「姉の誕生日ケーキのろうそくの火を消そうとする弟の口を姉が押さえている」などです。

【おすすめ問題集】

新 小学校受験の入試面接Ｑ＆Ａ、面接テスト問題集、面接最強マニュアル

2019年度以前の過去問題

問題34　分野：お話の記憶

聞く　集中

〈準備〉　鉛筆

〈問題〉　**この問題の絵は縦に使用してください。**
お話を聞いて、後の質問に答えてください。

山では音楽会が開かれることになりました。クマはラッパを、リスはスズを、タヌキはタイコを演奏することになりました。そこで、動物たちの練習が始まりました。ところが、クマはラッパをうまく吹くことができません。リスのスズの音はうるさすぎます。練習は夜遅くまで続きました。そして、次の日、いよいよ音楽会です。先生が、「ラッパはもっと大きい音を出してね。スズはもっと静かな音にしてね。タイコはその間くらいの音にしてね」と言いました。３匹の演奏はとても上手になり、お客さんたちはとても喜んでくれました。

①１番上の段の絵を見てください。動物たちはどこで音楽会を開きましたか。その絵に○をつけてください。
②上から２段目の絵を見てください。お話に出てこなかった動物に○をつけてください。
③上から３段目の絵を見てください。動物とその動物が使っていた楽器を線でつないでください。
④上から４段目の絵を見てください。演奏を聴いたお客さんの顔はどんな顔でしたか。選んで○をつけてください。
⑤上から５段目の絵を見てください。クマが出てくるお話はどれですか。選んで○をつけてください。
⑥１番下の段の絵を見てください。１番大きな音を出した楽器に○をつけてください。

〈時間〉　各10秒

〈解答〉　①左から２番目（山）　②左端（ヒツジ）
③リス：スズ、クマ：ラッパ、タヌキ：タイコ
④左から２番目（喜んでいる顔）
⑤右から２番目（金太郎）　⑥右端（ラッパ）

[2019年度出題]

学習のポイント

当校のお話の記憶は、お話の長さのわりに設問数が多いのが特徴です。この長さのお話ですから、内容や細かい描写について、すべて覚えられて当然と出題側が考えていることがうかがえます。それでも覚えるのが難しいお子さまには、この問題と同様の400字程度の長さで２場面程度のお話を使って、お話の内容を把握し、登場人物の行動、服装、持ち物などを区別するといったことをポイントにして練習するようにしてください。お話の細かい描写を把握する方法はいくつかありますが、あらかじめ「出てきた動物が使った楽器を区別して覚えよう」といった形でテーマを明確にする方法が１つ、もう１つは、お話を読み聞かせた後で、「クマさんは何をしたの。何を持っていたの」などと、記憶のポイントについて質問をする方法です。いずれも、大事な部分をお子さまが意識的に聞き取る方法です。お子さまの聞く力に合わせ、どちらかの方法を試してみてください。なお、当校のお話の記憶の問題では、登場人物の気持ちを聞くといったレベルの高い問題や、お話に直接関係のない季節や昔話などの常識の知識を聞く問題が出題されることも特徴の１つです。この点に関しても、ふだんから意識して練習に取り組むようにしてください。

【おすすめ問題集】
　１話５分の読み聞かせお話集①・②、お話の記憶 初級編・中級編
　Ｊｒ・ウォッチャー19「お話の記憶」

問題35　分野：数量（同数発見）　観察　集中

〈準備〉　鉛筆

〈問題〉　リスが持っている△の数と同じ数の△がある箱に、それぞれ○をつけてください。

〈時間〉　30秒

〈解答〉　ライオン：下　ネコ：上　カエル：真ん中

［2019年度出題］

学習のポイント

同数発見の問題です。ランダムに描かれたものの中から、指示されたものを選んで数えます。ランダムに描かれたものを数えるには、上から下まで幅を持たせて左から右へを目を動かすと、見逃しや重複がなく数えることができます。例えば本問のリスの場合、箱の左端を見ると、「△」が上の方（１つ目）と下の方（２つ目）に見つかります。そのまま視線を右へと動かしていくと、真ん中あたり（３つ目）と上の方（４つ目）にも見つかります。このようにして「△」の数を把握したら、同様にほかの動物たちの箱の中の「△」についても数えていきます。この時、注意してほしいのは、正解の箱を見つけてもすぐに次の問題へ進まず、残りの選択肢もすべて確認することです。正解を見つけたら、ほかの選択肢が違うことを確認してから○を書くようにすると、ケアレスミスが減り、精度が上がります。

【おすすめ問題集】
　Ｊｒ・ウォッチャー14「数える」、36「同数発見」、37「選んで数える」

問題36　分野：推理（多少比較）

観察　考え

〈準備〉　鉛筆

〈問題〉　上の段のコップと下の段のコップで、水の量が1番多いもの、2番目に多いもの、1番少ないもの同士を、それぞれ線でつないでください。

〈時間〉　1分

〈解答〉　下図参照

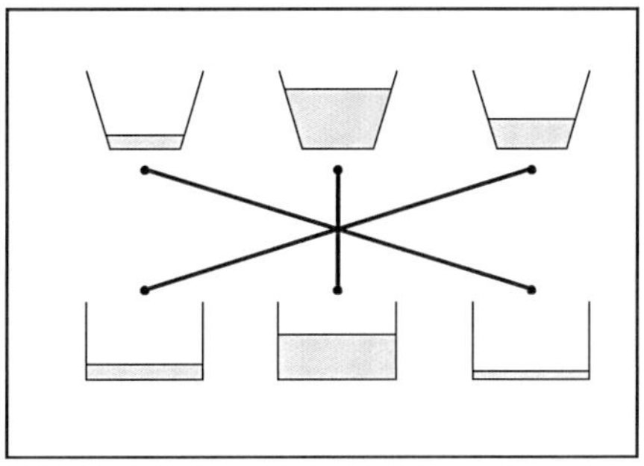

［2019年度出題］

学習のポイント

推理分野の問題は、指示を聞き、絵を観察し、そこから得た材料で考え、答えを出すというプロセスで解いていきましょう。「よく聞く」「よく見る」「よく考える」とよく言われますが、それが具体的に何をすることなのかわからないと、お子さまはこうした問題に戸惑うかもしれません。本問は比較の問題です。2つ以上のものを比べる時には、「共通する部分を見つける」、それから「それぞれの違いを見つける」という2つのステップに分けて考えるとわかりやすくなります。ここでは、上の段・下の段の中で、コップの形が同じなので、水面の高さがそのまま水の量の多少ということになります。その点がわかれば、あとは水面の高さが高いもの同士、低いもの同士をつないでいけば正解することができます。

【おすすめ問題集】

Ｊｒ・ウォッチャー15「比較」、31「推理思考」、58「比較②」

問題37　分野：推理（系列）

観察　考え

〈準備〉　鉛筆

〈問題〉　お約束にしたがって、さまざまな形が並んでいます。空いているところに入るものを、右から選んで○をつけてください。

〈時間〉　1分

〈解答〉　①左下　②右上　③左下

［2019年度出題］

学習のポイント

当校の推理分野の問題では、系列からの出題が例年続いています。一見すると簡単そうに見えますが、実は複雑なお約束であることが多いようです。系列の問題は、記号がどのようなお約束で並んでいるのかを考えることが基本です。具体的には、まず系列の記号の並びを左から見わたして、同じ記号が２回目に出ているところを見つけ、次に、その記号から１つずつ右へ同じ記号まで目を動かしていくと、その中間部分が「お約束」ということになります。例えば①では、１番目と４番目のマスにサイコロの１の目がありますので、それぞれの１の目から右へ１つずつ進めていくと、「１・２・３」というお約束が見つかります。この問題のように、比較的容易にお約束がわかるものを使って、お子さまと一緒に考え方の確認をしてください。②③は、先述の通り複雑なお約束の問題です。②は一見するとサイコロの２の目と３の目が繰り返されているようですが、よく見ると２の目の向きが逆で「２・３・２（逆）・３」の４つがお約束です。③では、サイコロの目が「１・２・３」、サイコロの形が「□・○」をくり返す６つの形のお約束です。よく絵を見ないと勘違いをしてしまいそうです。注意深く見た上で、空欄に当てはまる形を考えましょう。

【おすすめ問題集】

Ｊｒ・ウォッチャー６「系列」、31「推理思考」

問題38　分野：推理・図形

観察　知識　考え

〈準 備〉　鉛筆

〈問 題〉　**この問題の絵は縦に使用してください。**

①上の段の絵を見てください。動物たちが写真を撮りました。上の絵はできあがった写真です。写真に写っている動物を下の絵から選び、線でつないでください。

②下の段の絵を見てください。上の時計を鏡に映すとどのように見えますか。鏡に映った時計を下から選んで、○をつけてください。

〈時 間〉　１分

〈解 答〉　下図参照

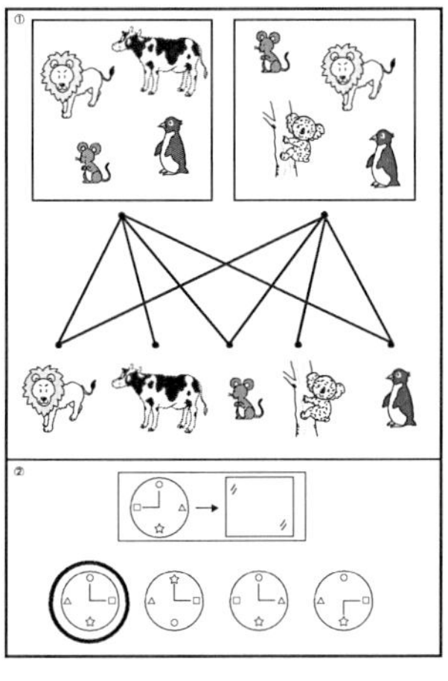

［2019年度出題］

学習のポイント

①では上の絵と下の絵を見比べて、共通する動物を線で結びます。②では時計が鏡に映った時の形を見つけます。一見するとまったく趣旨が違う問題に見えますが、観察力が必要な点が共通しています。②では、時計を鏡に映す時、鏡と時計が向き合っているということをイメージできていないといけません。その上で、時計の針が上の「○」と左の「□」を指していることに気付いて、針が上の「○」と右の「□」を指している絵を選びましょう。よくわからない時は、実際に鏡を使って確認してください。鏡に映る自分の姿を使って位置が反転するということが一目瞭然でわかります。

【おすすめ問題集】

Ｊｒ・ウォッチャー31「推理思考」、48「鏡図形」

問題39　分野：常識（理科・季節）　知識

〈準備〉　鉛筆

〈問題〉　左の四角の絵と同じ季節の絵を、右の四角の中から選んで、○をつけてください。

〈時間〉　20秒

〈解答〉　右から２番目（アサガオ）

［2019年度出題］

学習のポイント

こうした花の咲く時期を聞く問題は、植物の知識をありなしを観るためだけのものではありません。問題を作る側は日々の暮らしのなかで目にしているだろう植物を取り上げて、いつ頃咲いていたかを覚えているという記憶力があるか、「花が咲いていてきれいだな」と思えるだけの感情を持っているかを観たいのです。本問で出題された花を覚えたら、以降は練習問題で目に触れた植物について、知識を補強していけば充分でしょう。本問で扱われている花は、春（チューリップ、サクラ）、夏（ヒマワリ、アサガオ）、秋（コスモス）です。このほかには、春（ナノハナ）、夏（アジサイ）、秋（ススキ、キク）、冬（ツバキ、スイセン）が試験で出題されやすい植物です。また、花の形、色はもちろんですが、葉の形についても注意して観察をしておくとよいでしょう。

【おすすめ問題集】

Ｊｒ・ウォッチャー12「日常生活」、27「理科」、34「季節」、55「理科②」

問題40　分野：言語

知識　語彙

〈準備〉　鉛筆

〈問題〉　①上の段の絵を見てください。名前のはじめの音が同じものを探して、それぞれに○をつけてください。
②下の段の絵を見てください。名前のはじめの音も終わりの音も同じものを探して、それぞれに○をつけてください。

〈時間〉　①10秒　②20秒

〈解答〉　①タコ、タマネギ　②カカシ、カブトムシ

［2019年度出題］

学習のポイント

当校の言語分野の問題は、言葉の意味、言葉の音、聞き取りなど、例年さまざまな切り口で出題されています。試験で扱われるかどうかに関わらず、お話を最後まで聞くこと、言葉を正しく使うこと、さまざまな言葉に触れることを日頃から大切にしてください。本問は、ものの名前を表す言葉を音の集まりとしてとらえる「言葉の音（おん）」の問題です。①では、はじめの音が共通する言葉（同頭音語）を探す問題、②ではさらに、終わりの音が共通する（同頭同尾音語）も探す問題となっています。言葉の意味だけでなく、1つひとつものの名前を音で確認する練習を進めてください。問題の意味を理解できない場合は、具体例をあげながら説明をしてあげるとよいでしょう。言葉の音としてとらえる力は、それ自体を知識として学ぶというよりは、会話や他分野の学習の中で、経験の中で身に付くものです。練習問題や言葉遊びを通して、数多くの言葉に触れるようにしましょう。

【おすすめ問題集】

Ｊｒ・ウォッチャー17「言葉の音遊び」、60「言葉の音（おん）」

雲雀丘学園小学校　専用注文書

年　月　日

合格のための問題集ベスト・セレクション

＊入試頻出分野ベスト３

1st　常　識　／　知　識　観察力

2nd　推　理　／　観察力　思考力

3rd　数　量　／　思考力　集中力

幅広い分野の知識問題が出題されるので、季節、動物、植物の特徴などについて、早めの習得が必要です。また、「歌う」課題も例年出題されているので、一般的な童謡や唱歌を、人前で楽しく元気よく歌えるように練習してください。

分野	書　名	価格(税抜)	注文	分野	書　名	価格(税抜)	注文
図形	Ｊｒ.ウォッチャー 6「系列」	1,500円	冊	常識	Ｊｒ.ウォッチャー 34「季節」	1,500円	冊
常識	Ｊｒ.ウォッチャー 12「日常生活」	1,500円	冊	数量	Ｊｒ.ウォッチャー 36「同数発見」	1,500円	冊
数量	Ｊｒ.ウォッチャー 14「数える」	1,500円	冊	数量	Ｊｒ.ウォッチャー 37「選んで数える」	1,500円	冊
数量	Ｊｒ.ウォッチャー 15「比較」	1,500円	冊	図形	Ｊｒ.ウォッチャー 48「鏡図形」	1,500円	冊
図形	Ｊｒ.ウォッチャー 16「積み木」	1,500円	冊	常識	Ｊｒ.ウォッチャー 55「理科②」	1,500円	冊
言語	Ｊｒ.ウォッチャー 17「言葉の音遊び」	1,500円	冊	推理	Ｊｒ.ウォッチャー 58「比較②」	1,500円	冊
記憶	Ｊｒ・ウォッチャー 19「お話の記憶」	1,500円	冊	推理	Ｊｒ.ウォッチャー 59「欠所補完」	1,500円	冊
記憶	Ｊｒ.ウォッチャー 21「お話作り」	1,500円	冊	言語	Ｊｒ.ウォッチャー 60「言葉の音（おん）」	1,500円	冊
巧緻性	Ｊｒ.ウォッチャー 22「想像画」	1,500円	冊		1話5分の読み聞かせお話集①②	1,800円	各　冊
巧緻性	Ｊｒ.ウォッチャー 24「絵画」	1,500円	冊		新 運動テスト問題集	2,200円	冊
常識	Ｊｒ.ウォッチャー 27「理科」	1,500円	冊		新 個別テスト・口頭試問問題集	2,500円	冊
行動観察	Ｊｒ.ウォッチャー 29「行動観察」	1,500円	冊		面接テスト問題集	2,000円	冊
推理	Ｊｒ.ウォッチャー 31「推理思考」	1,500円	冊		新 小学校受験の入試面接Q＆A	2,600円	冊
推理	Ｊｒ.ウォッチャー 32「ブラックボックス」	1,500円	冊		保護者の悩みQ＆A	2,600円	冊

合計	冊	円

（フリガナ） 氏　名	電　話 ＦＡＸ E-mail
住 所　〒　　　－	以前にご注文されたことはございますか。 有　・　無

★お近くの書店、または記載の電話・FAX・ホームページにてご注文をお受けしております。
電話：03-5261-8951　FAX：03-5261-8953　代金は書籍合計金額＋送料がかかります。
※なお、落丁・乱丁以外の理由による商品の返品・交換には応じかねます。

★ご記入頂いた個人に関する情報は、当社にて厳重に管理致します。なお、ご購入の商品発送の他に、当社発行の書籍案内、書籍に関する調査に使用させて頂く場合がございますので、予めご了承ください。

日本学習図書株式会社
http://www.nichigaku.jp

問題1

☆関西学院初等部

①

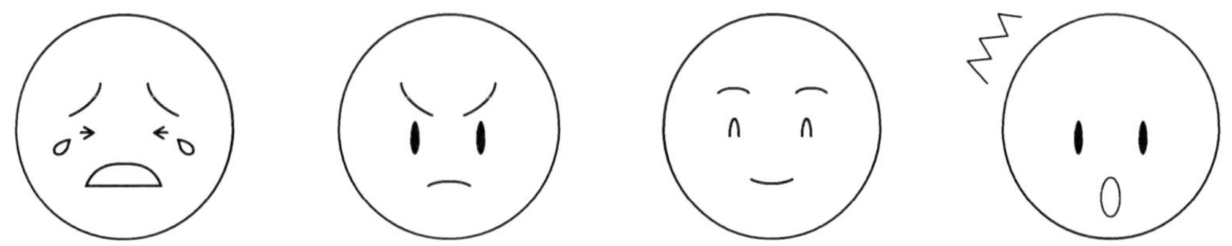

②

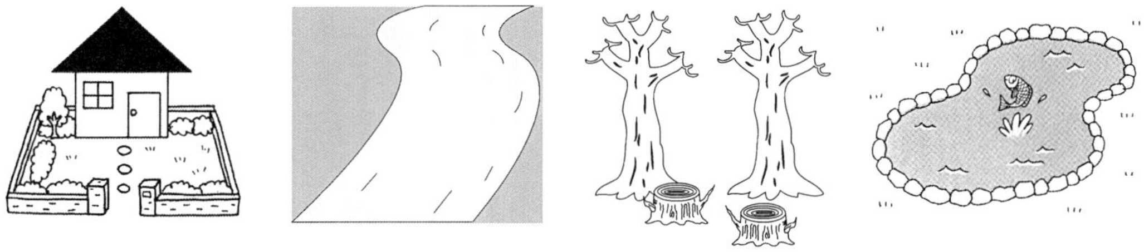

③

④

⑤

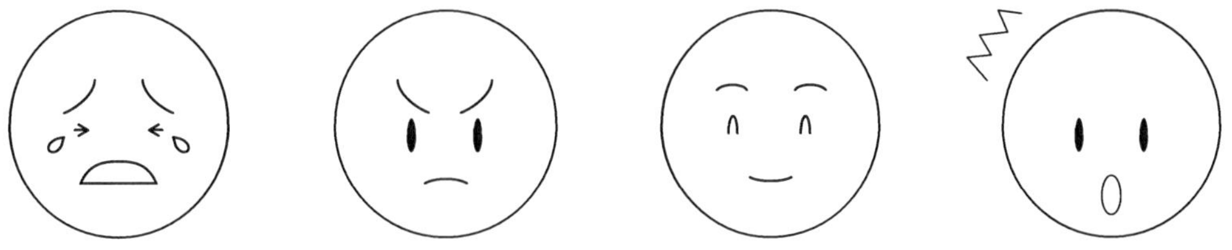

⑥

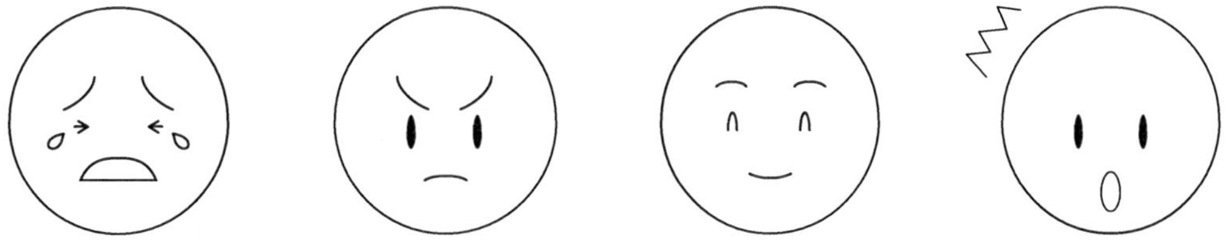

⑦

①

②

日本学習図書株式会社

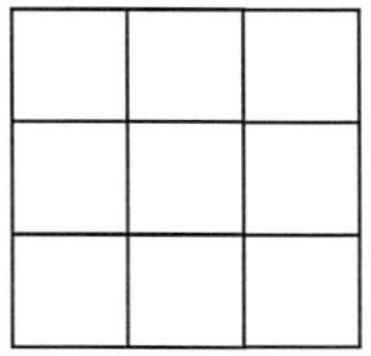

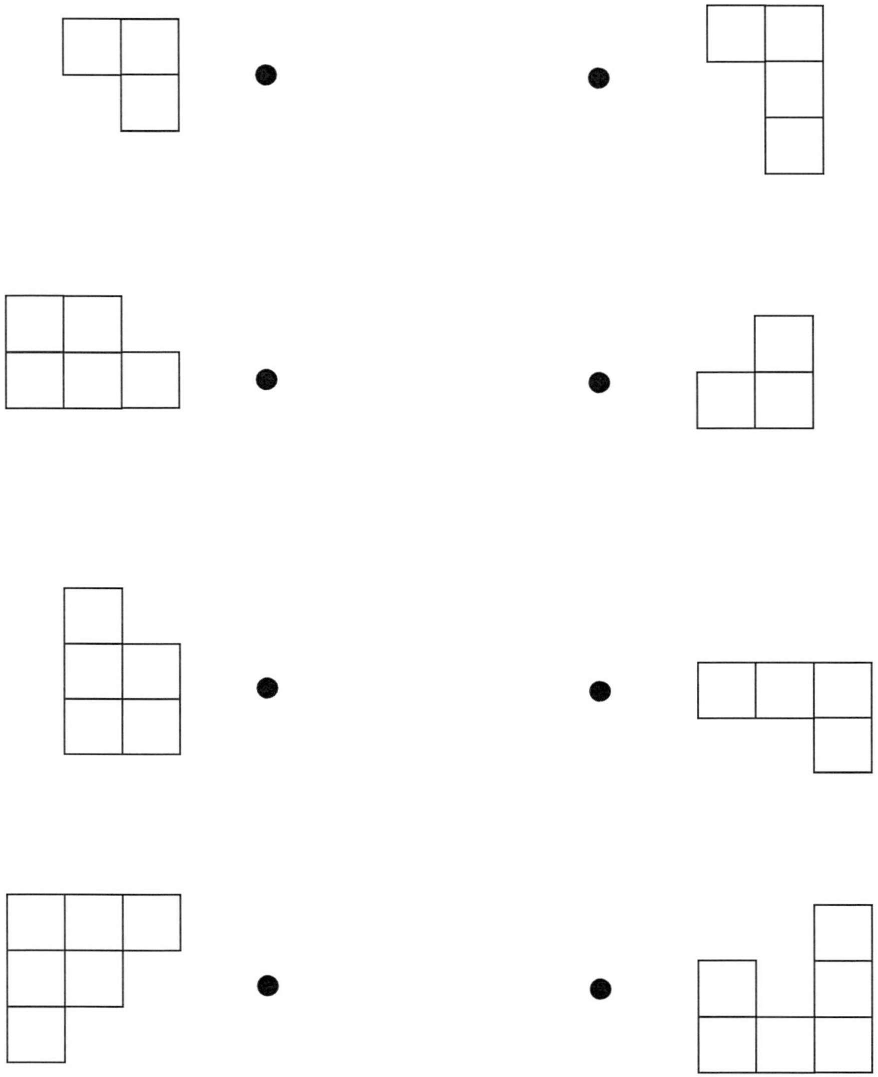

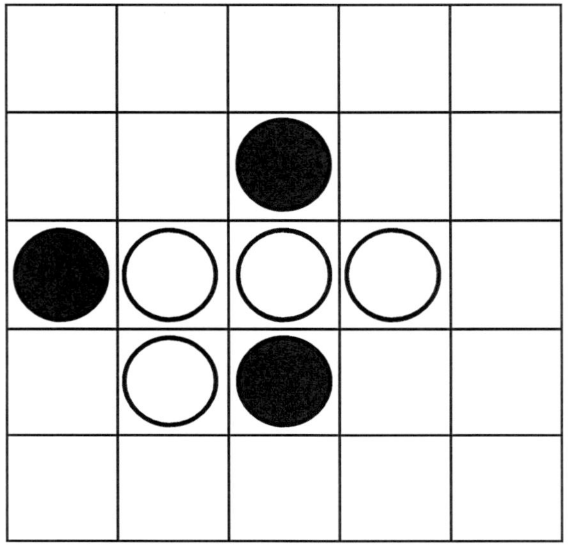

☆関西学院初等部

問題3

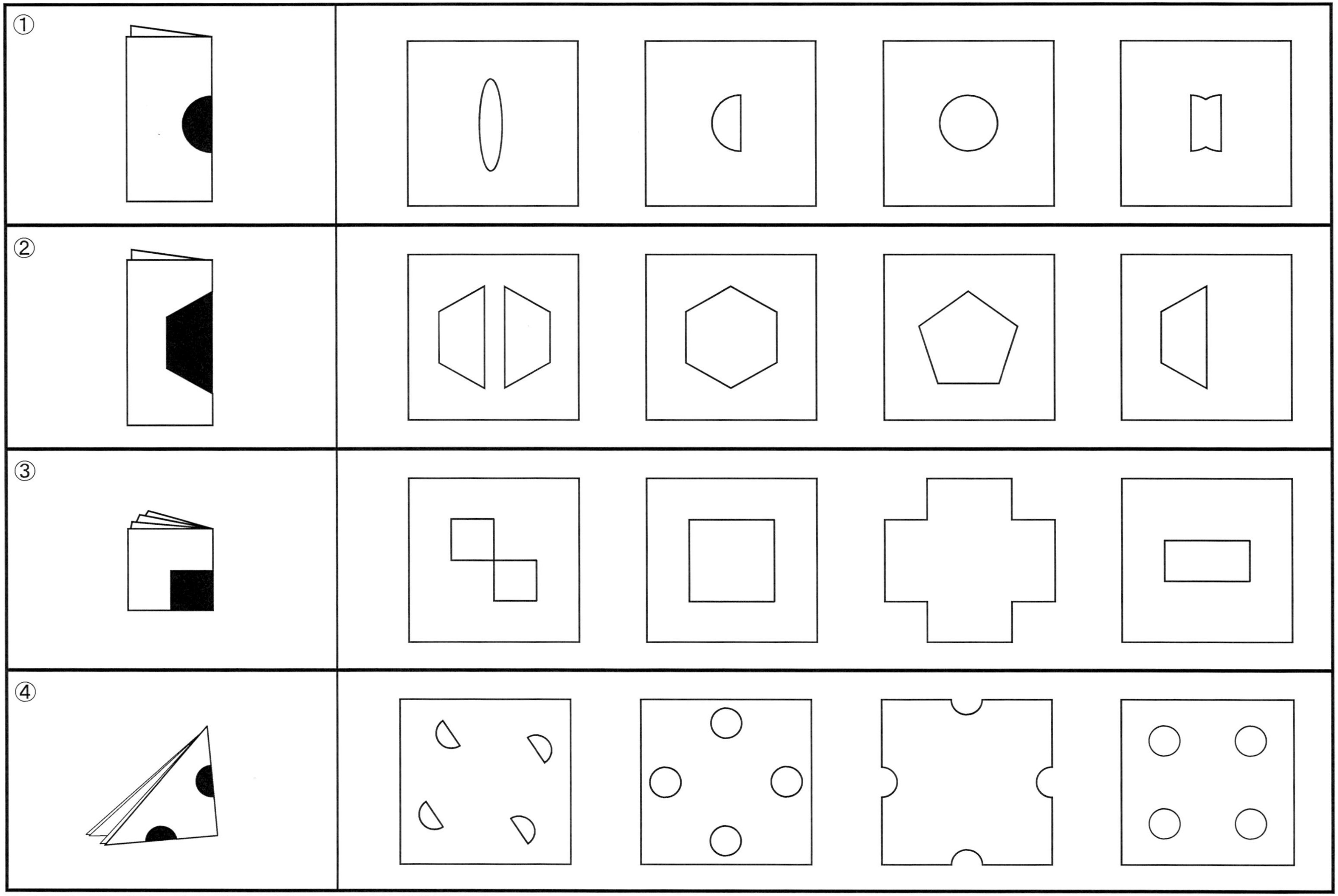

①

  ②

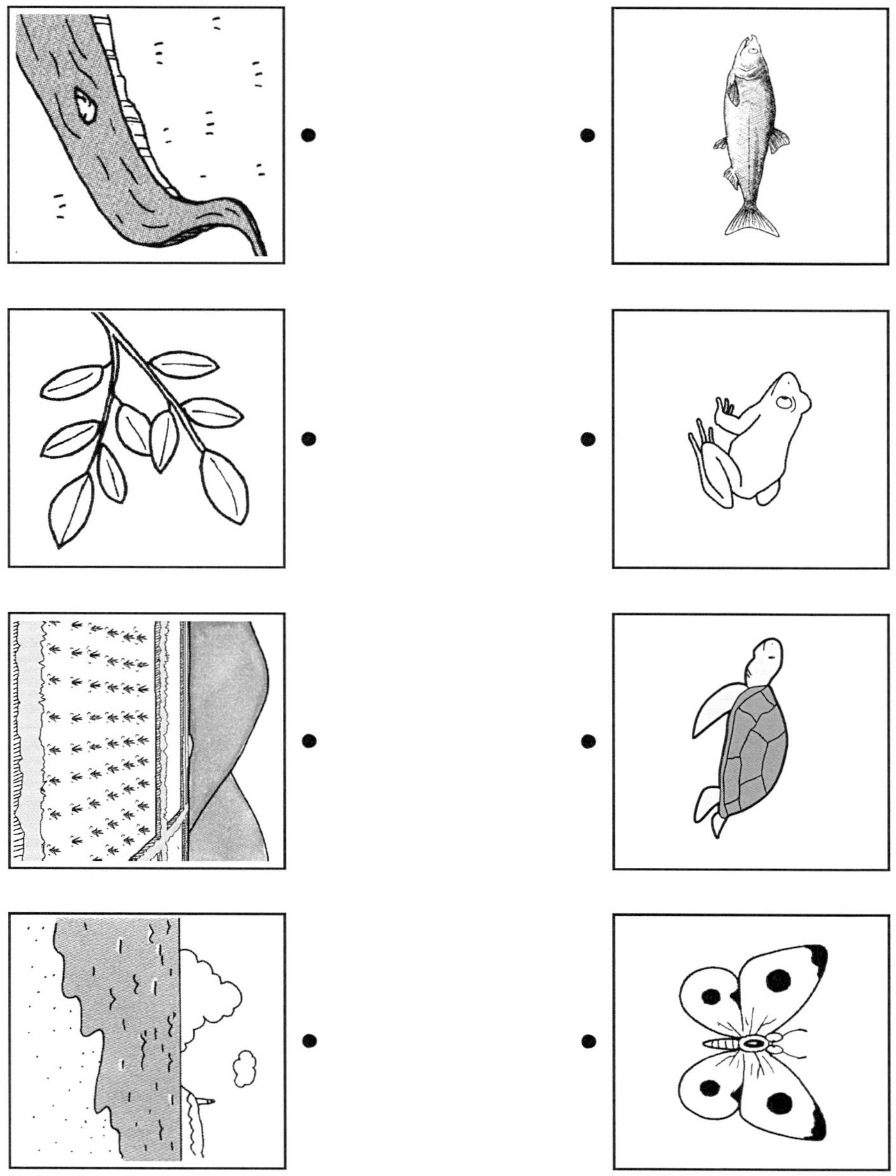

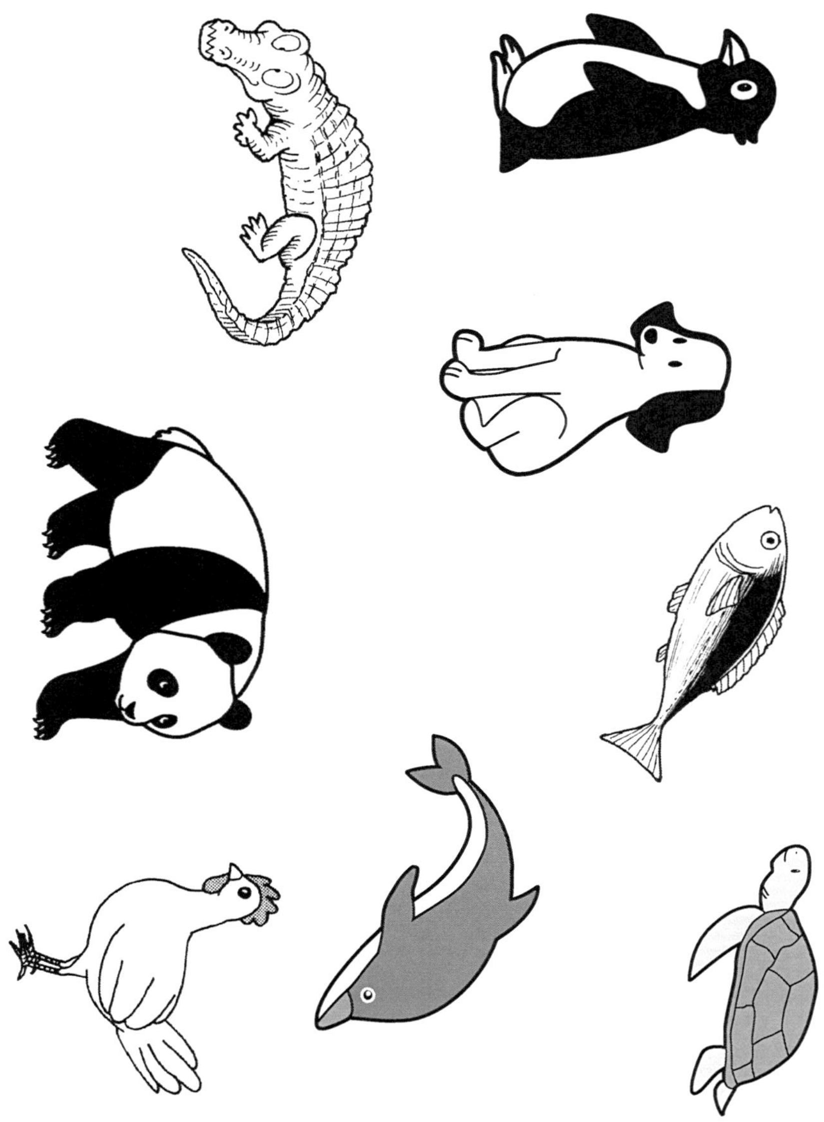

問題４－２

③

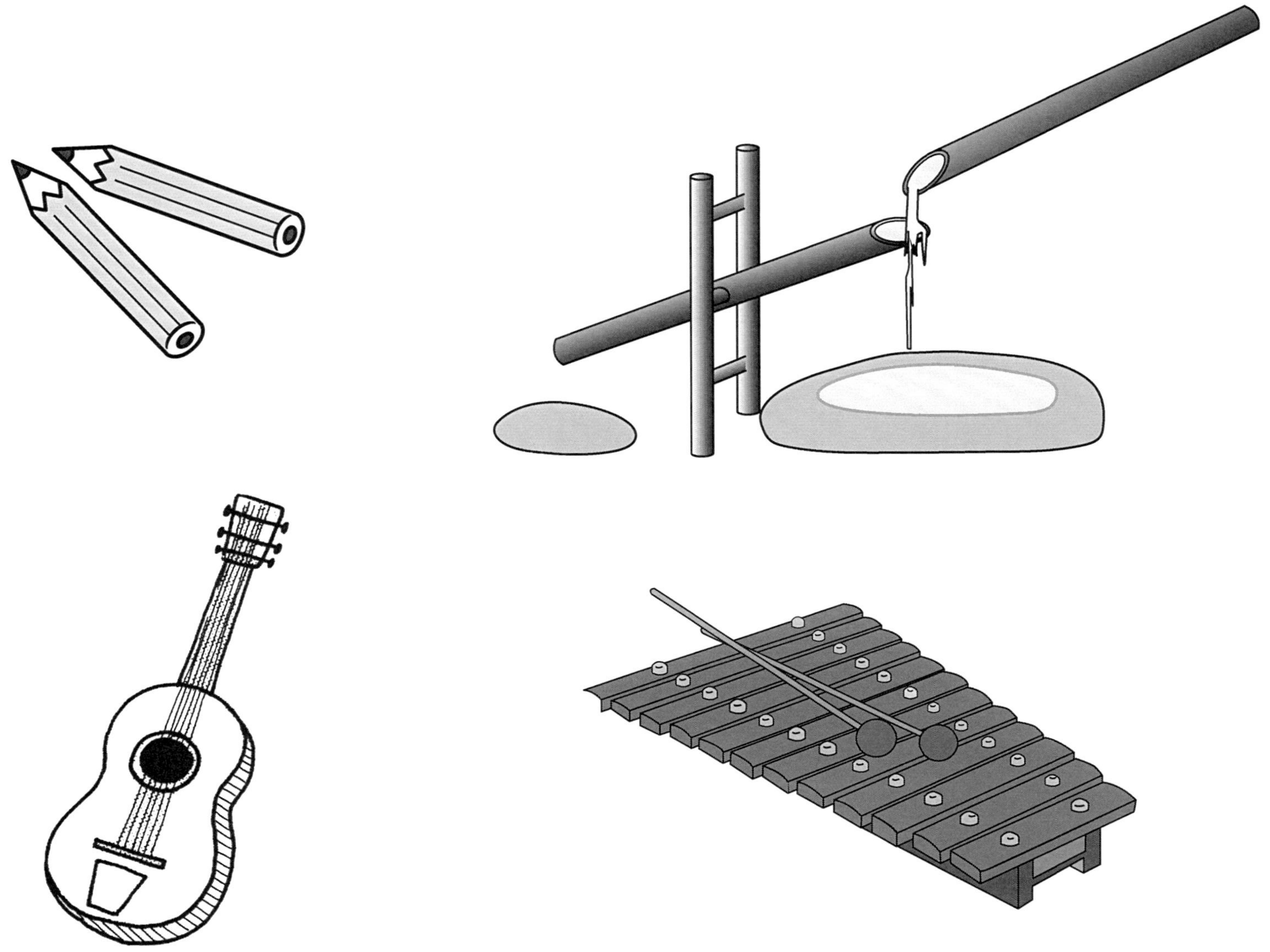

　

問題 5 － 1

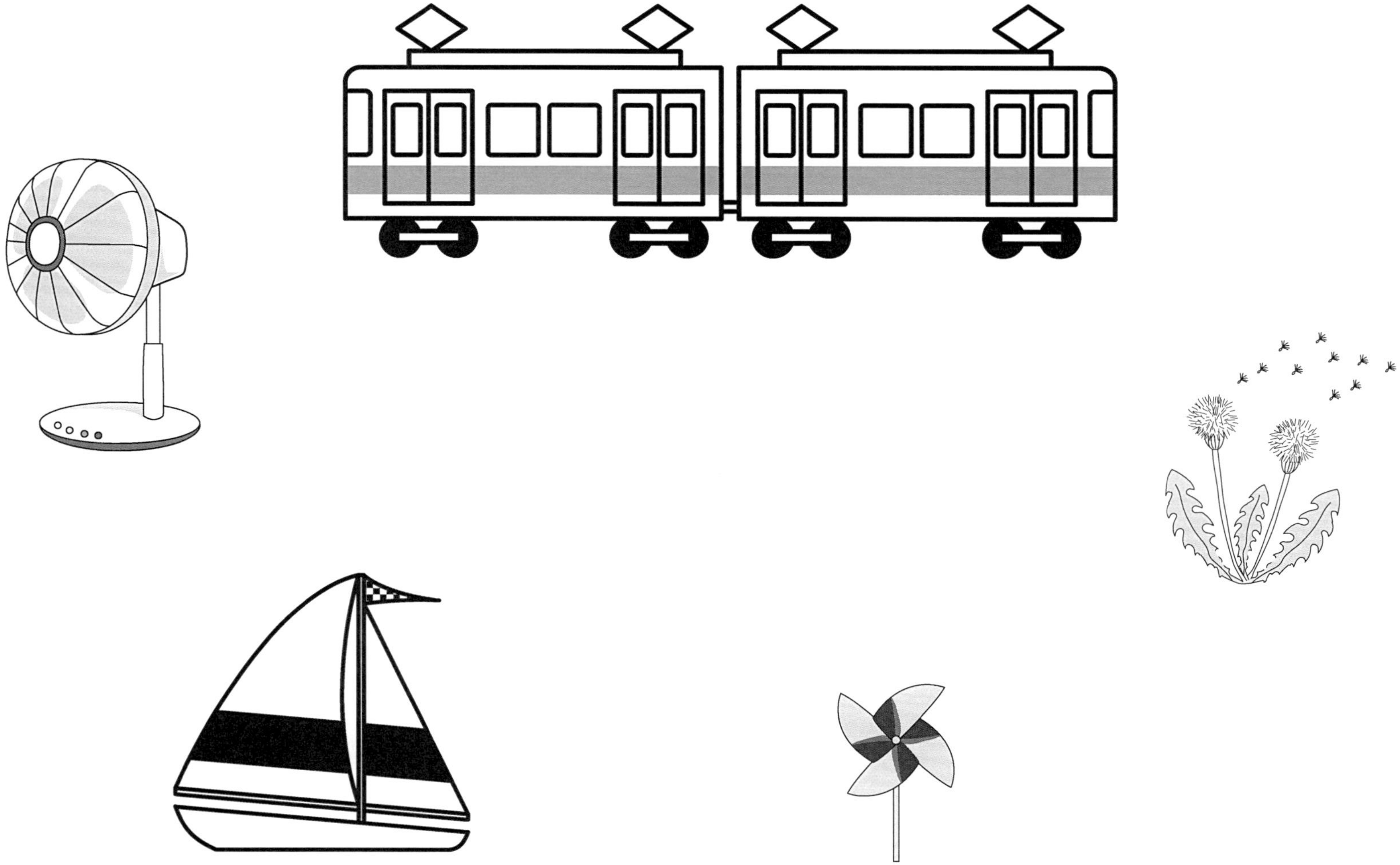

問題5－2

②

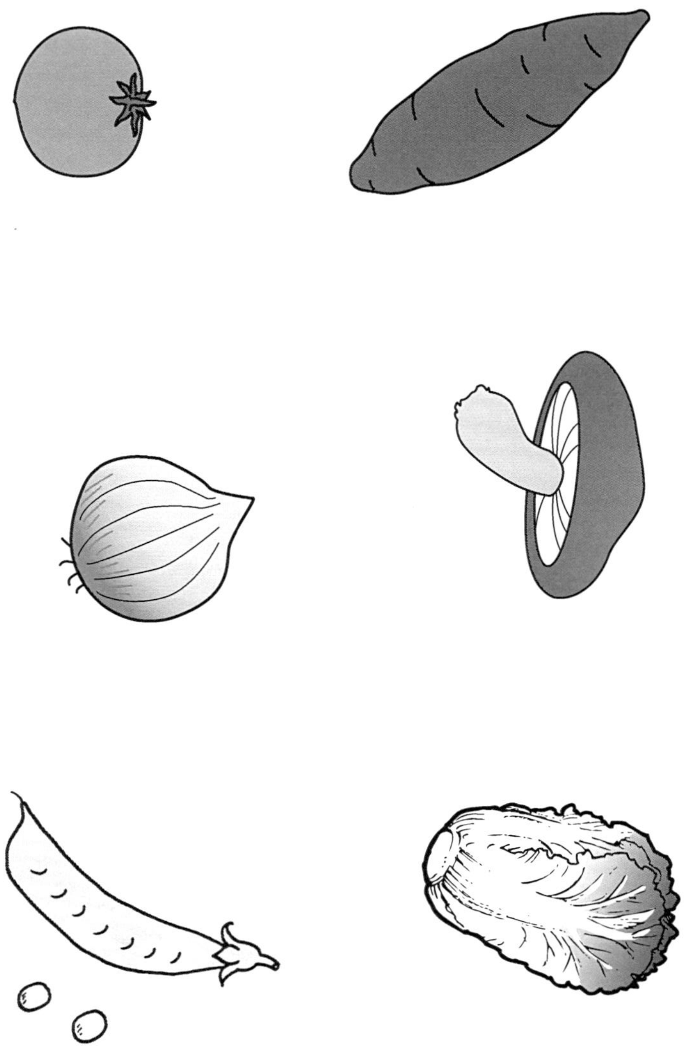

③

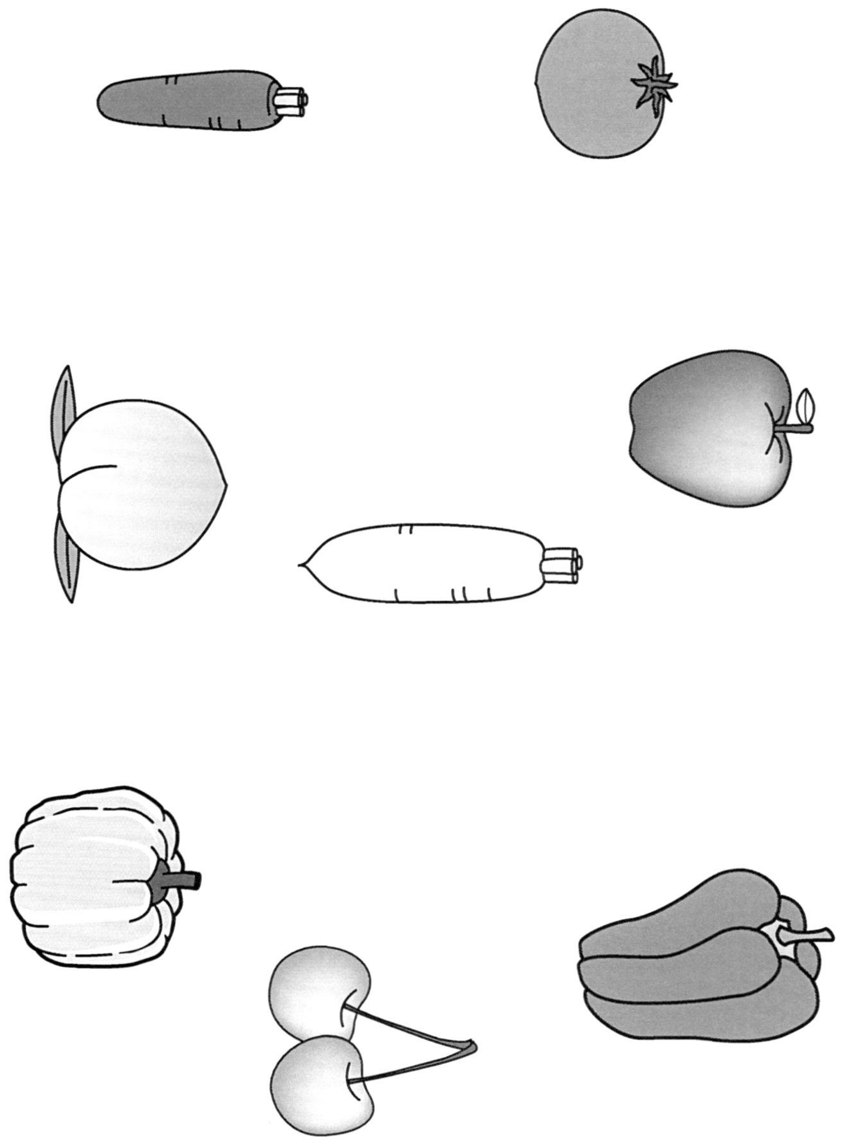

☆関西学院初等部

問題6

2021年度　関西学院・雲雀丘学園　過去　無断複製/転載を禁ずる　日本学習図書株式会社

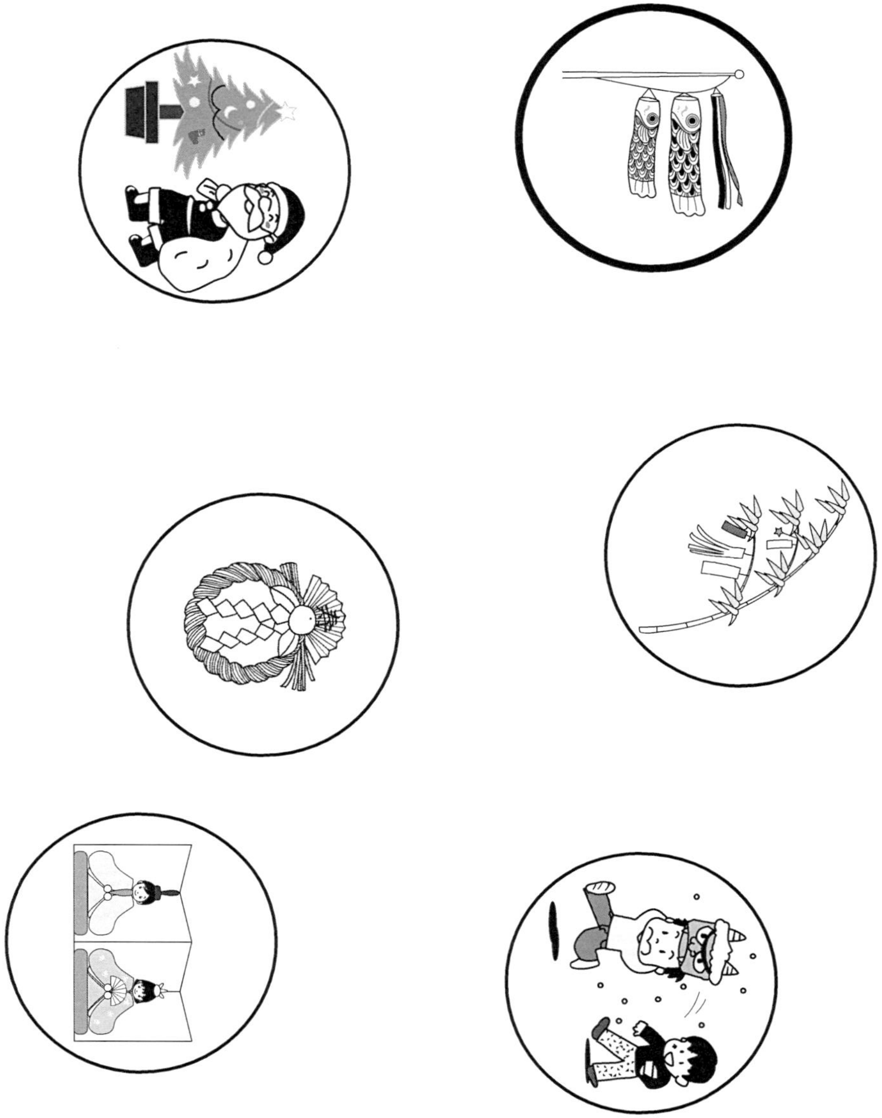

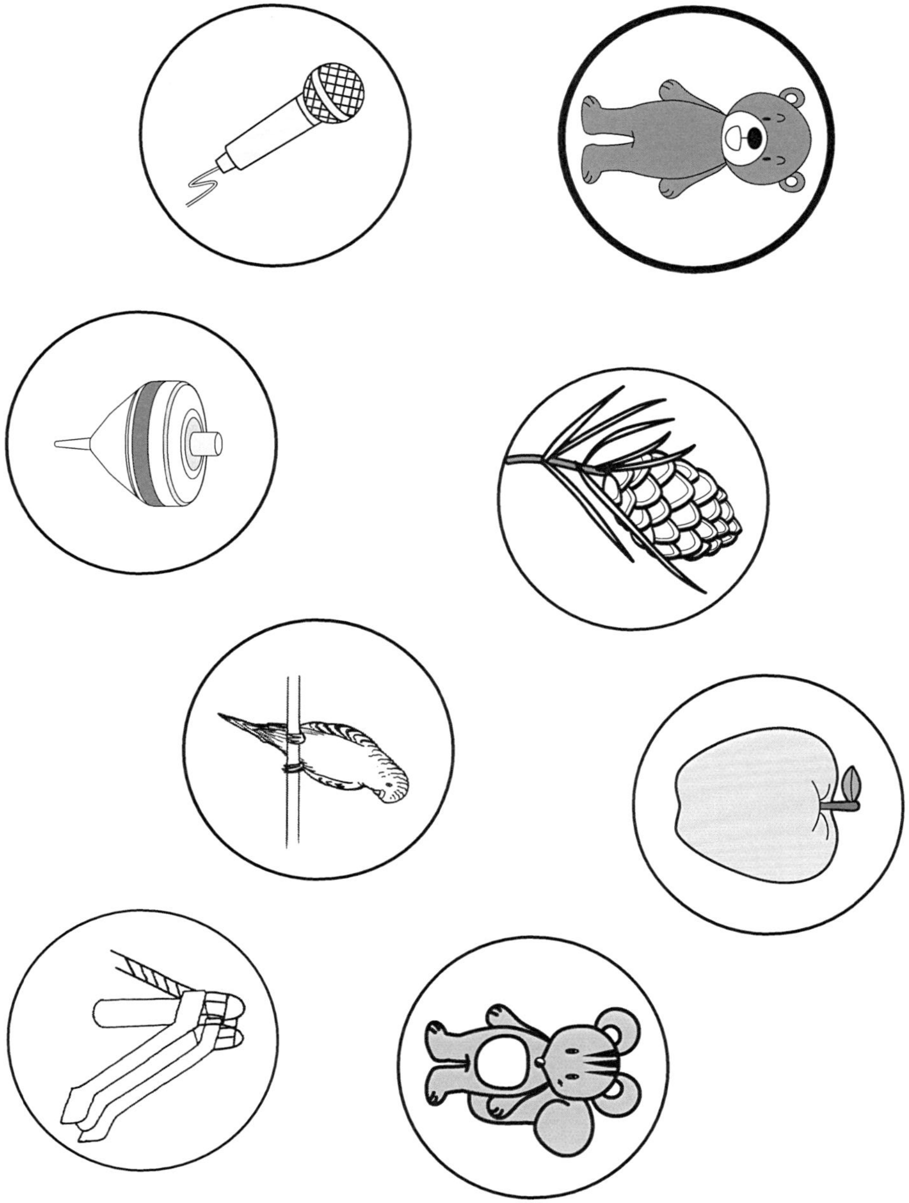

☆関西学院初等部

問題 8

日本学習図書株式会社

問題13

①

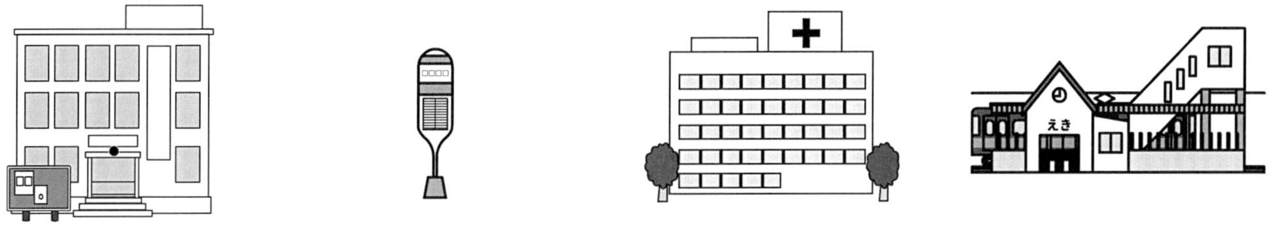

②

③

④

⑤

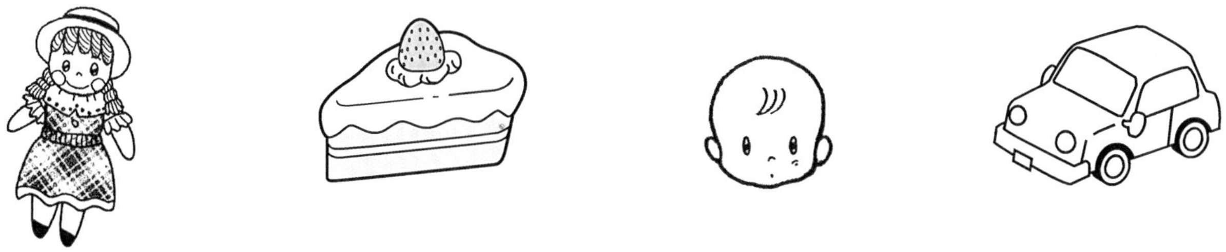

⑥

☆関西学院初等部

①

②

☆関西学院初等部

2021年度 関西学院・雲雀丘学園 過去 無断複製／転載を禁ずる

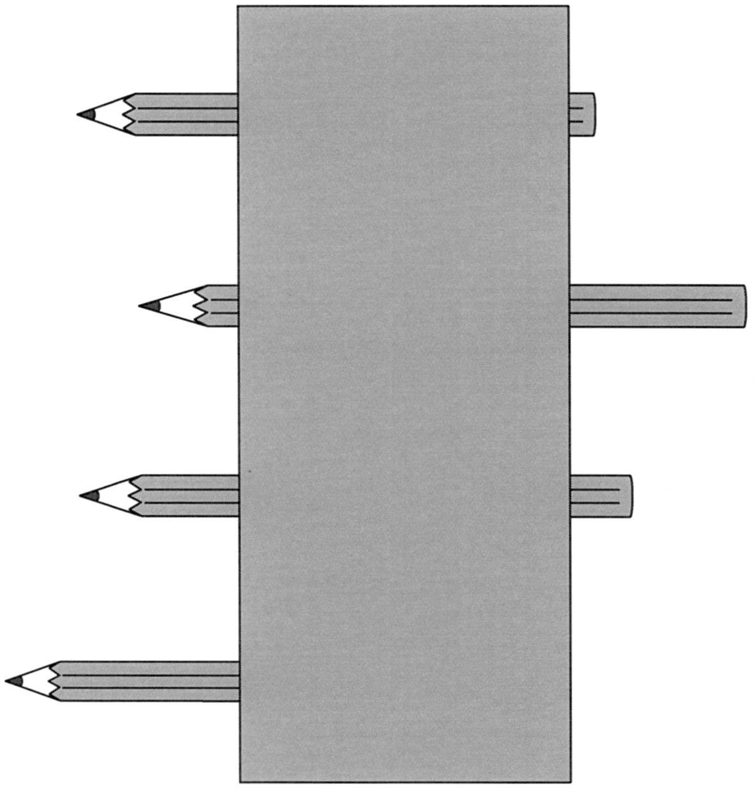

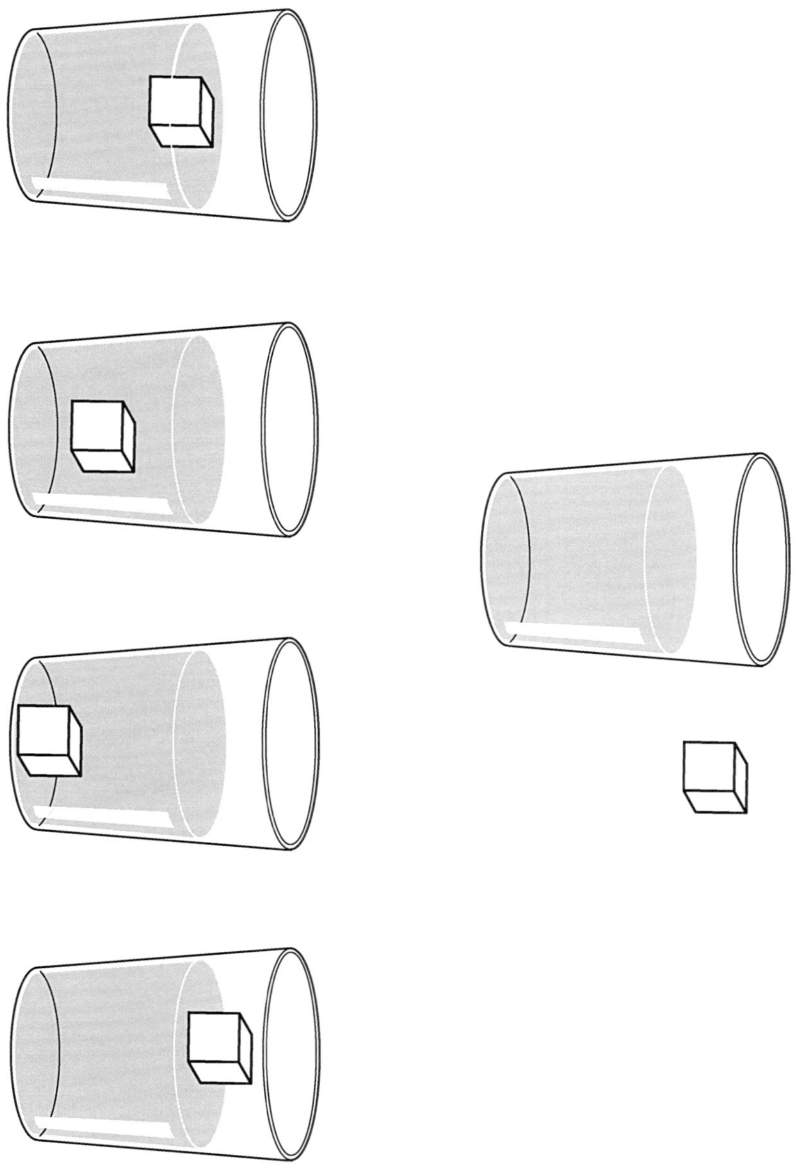

問題15

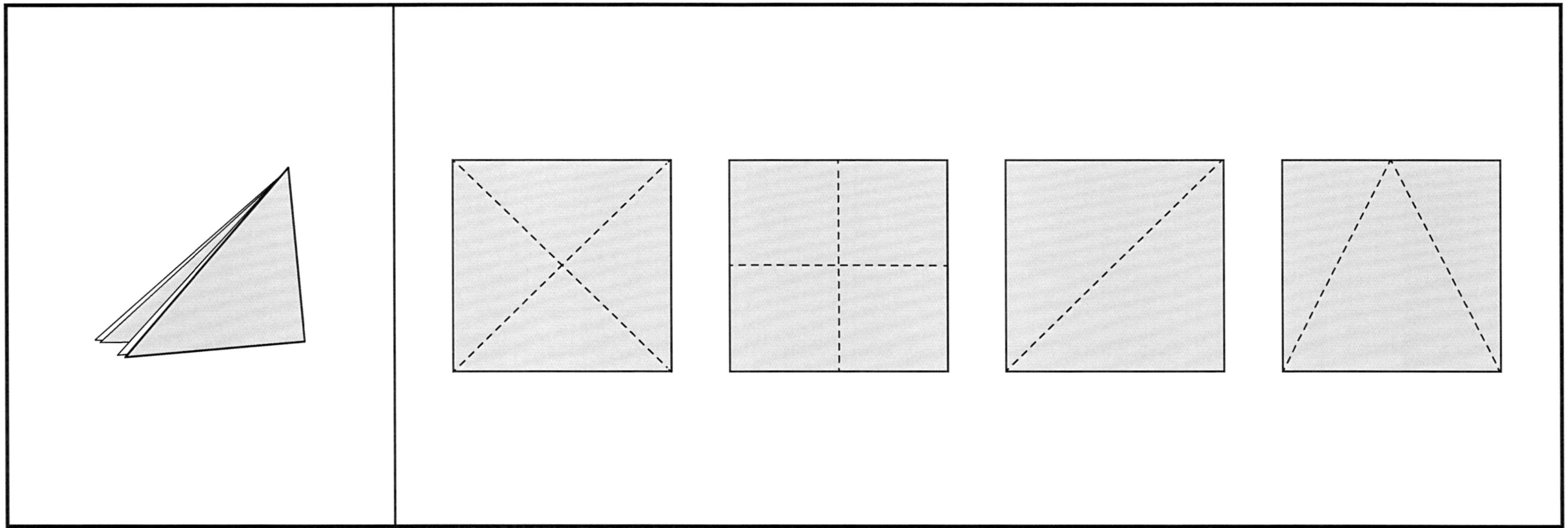

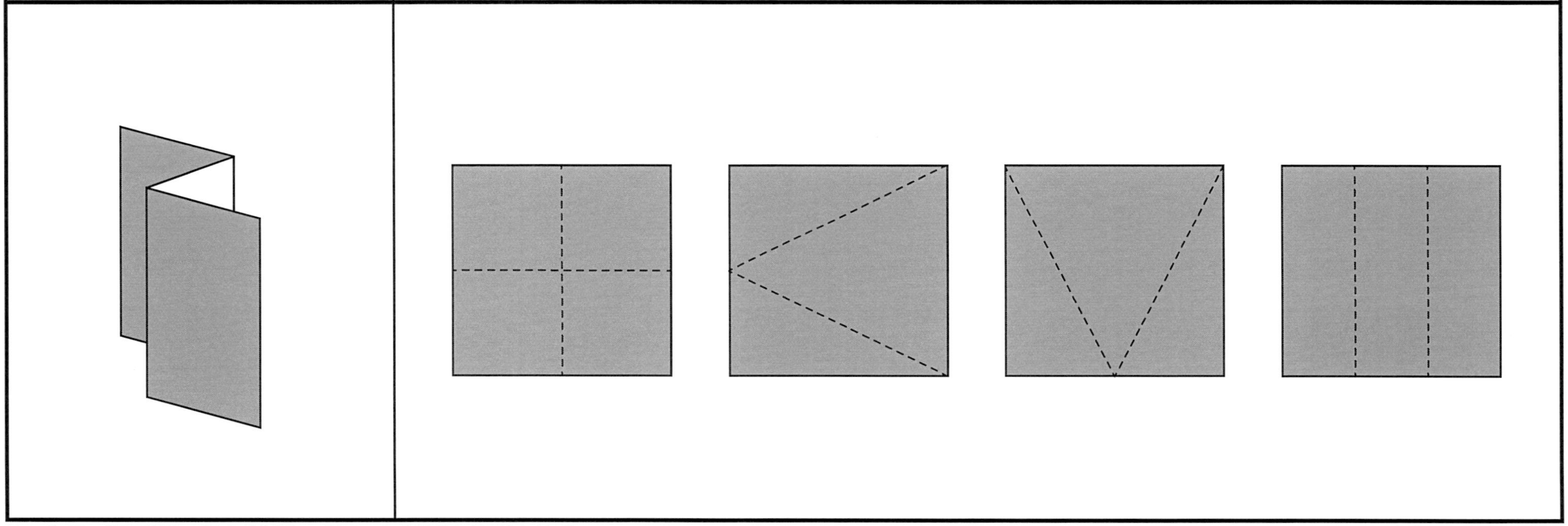

問題16－1

①

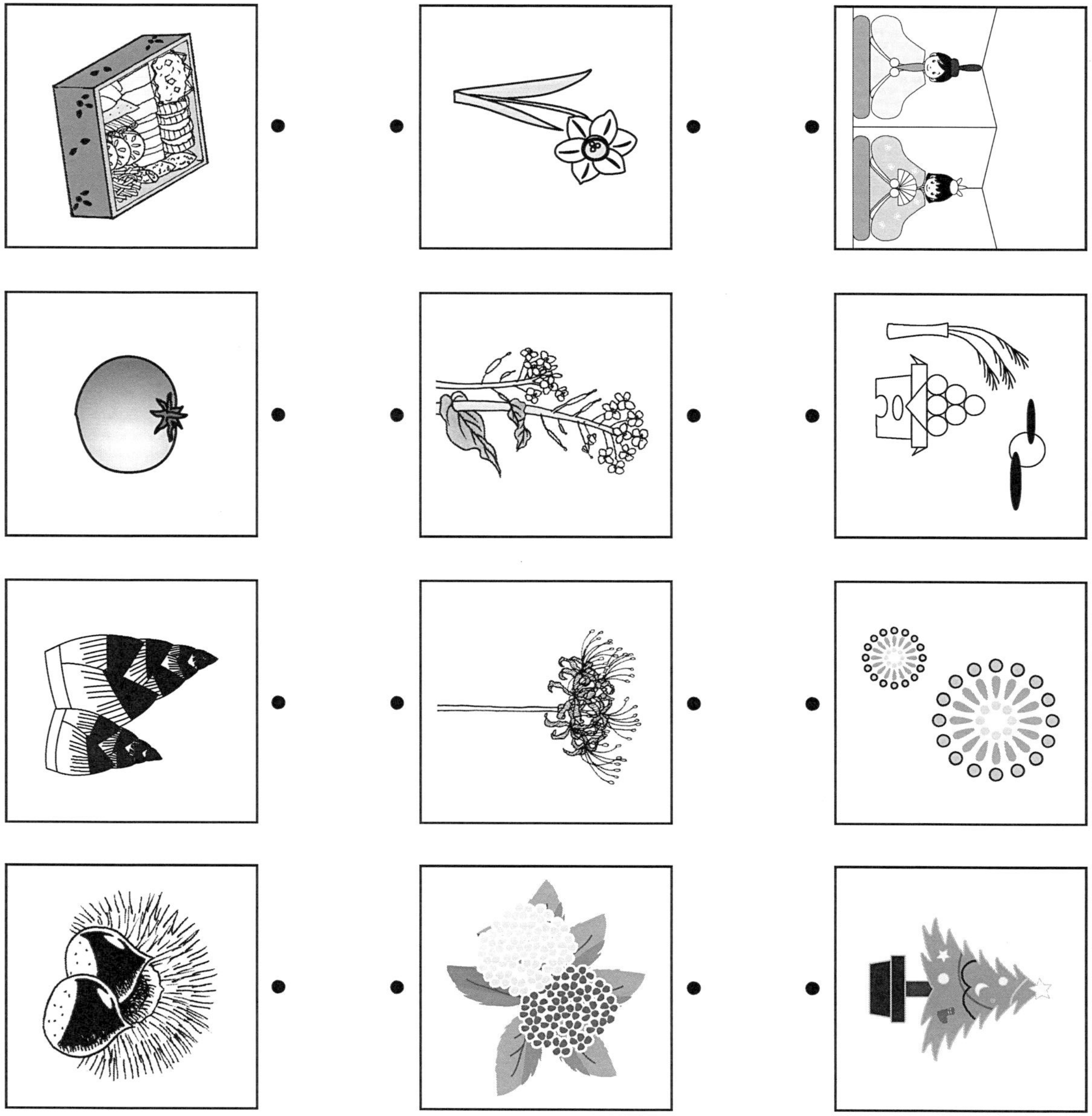

②

☆関西学院初等部

問題16－2

③

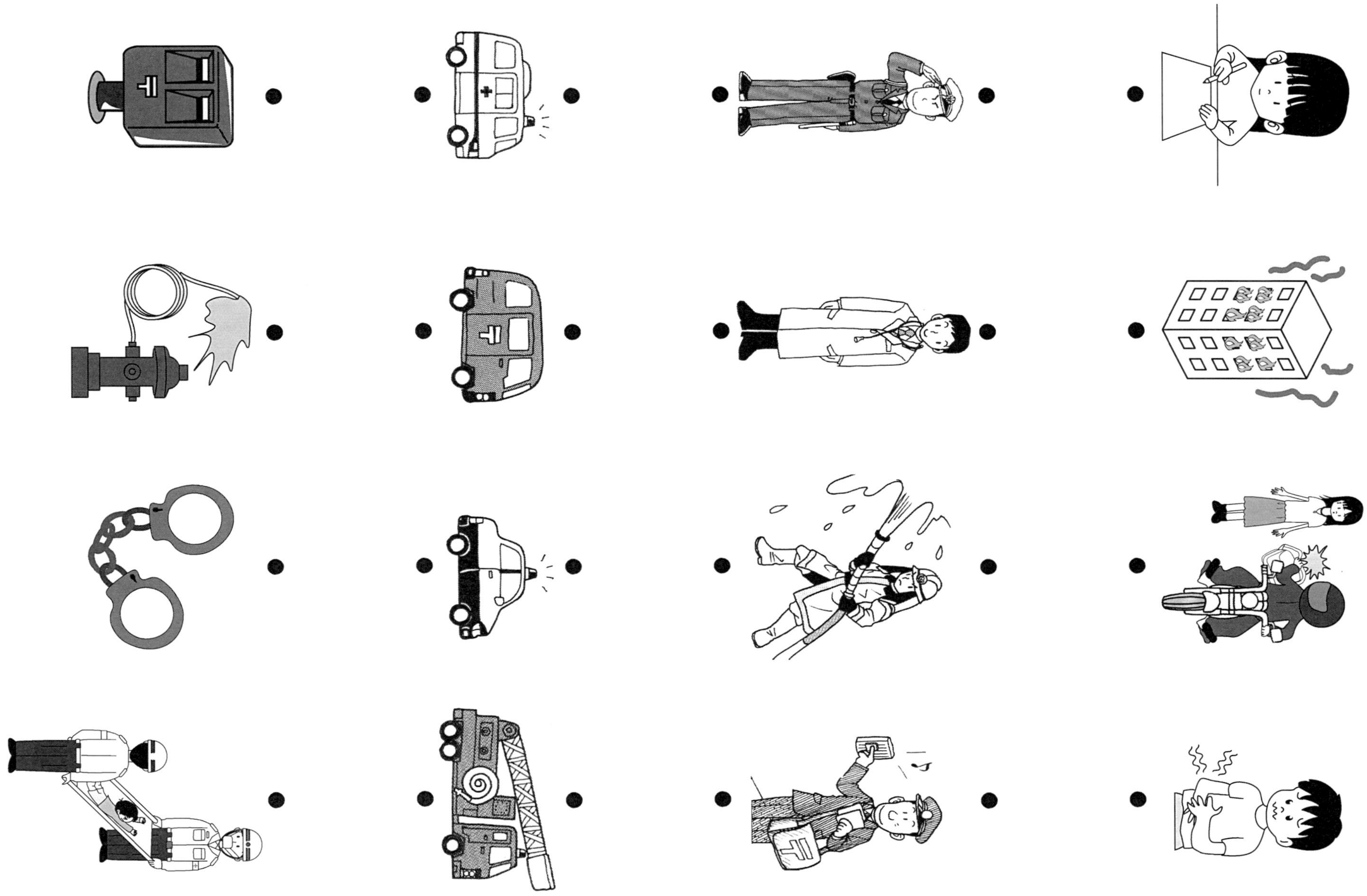

問題16−3

④

①

②

日本学習図書株式会社

2021年度 関西学院・雲雀丘学園 過去 無断複製/転載を禁ずる

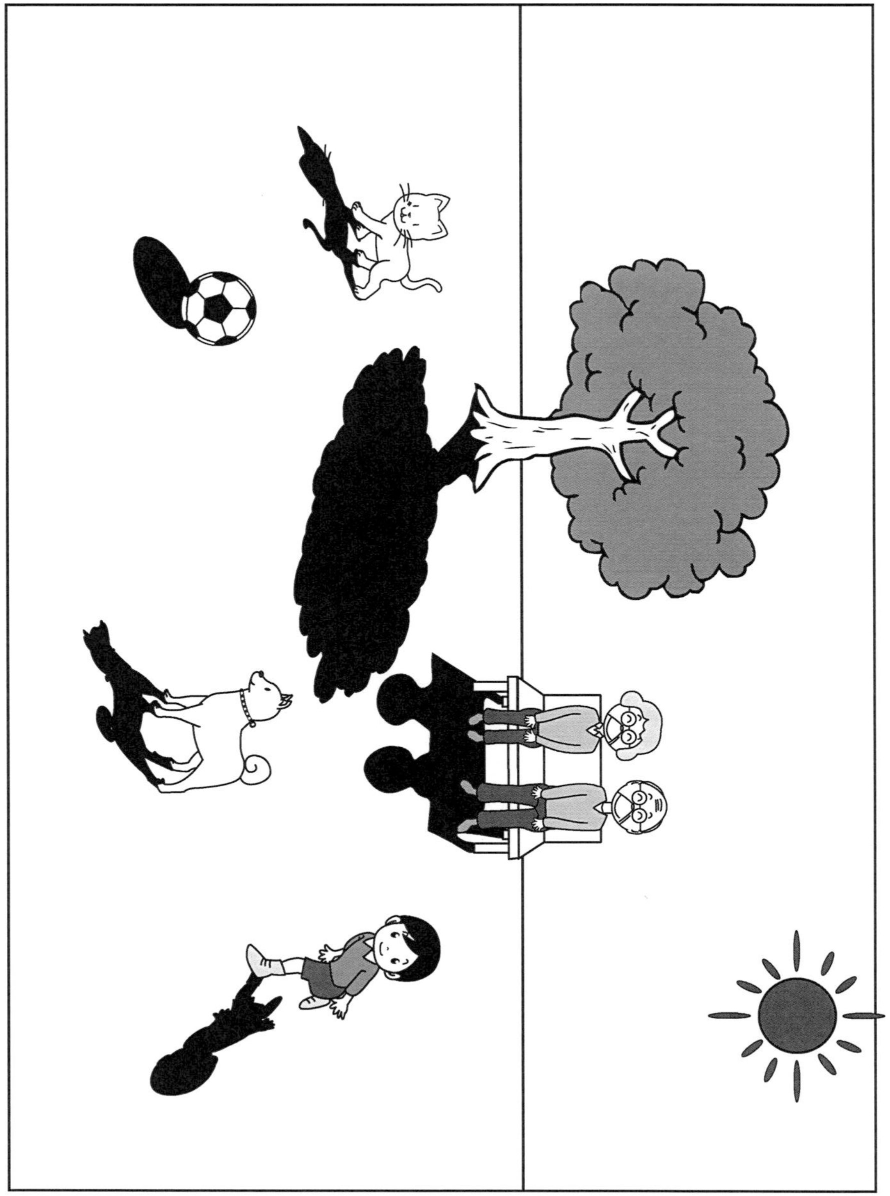

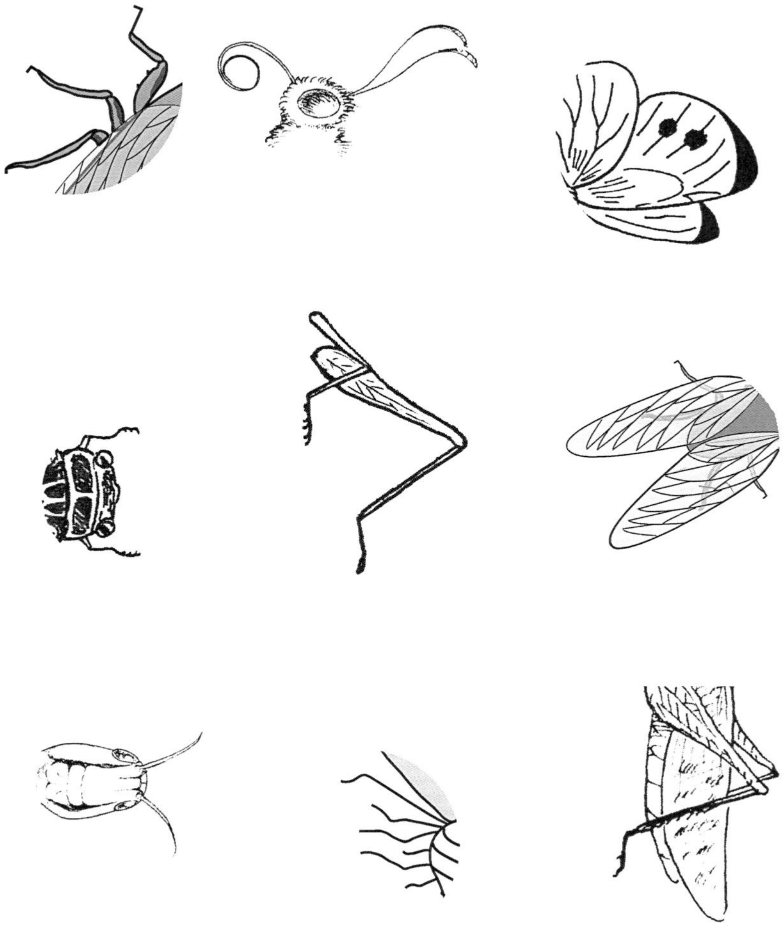

問題１７－２

③

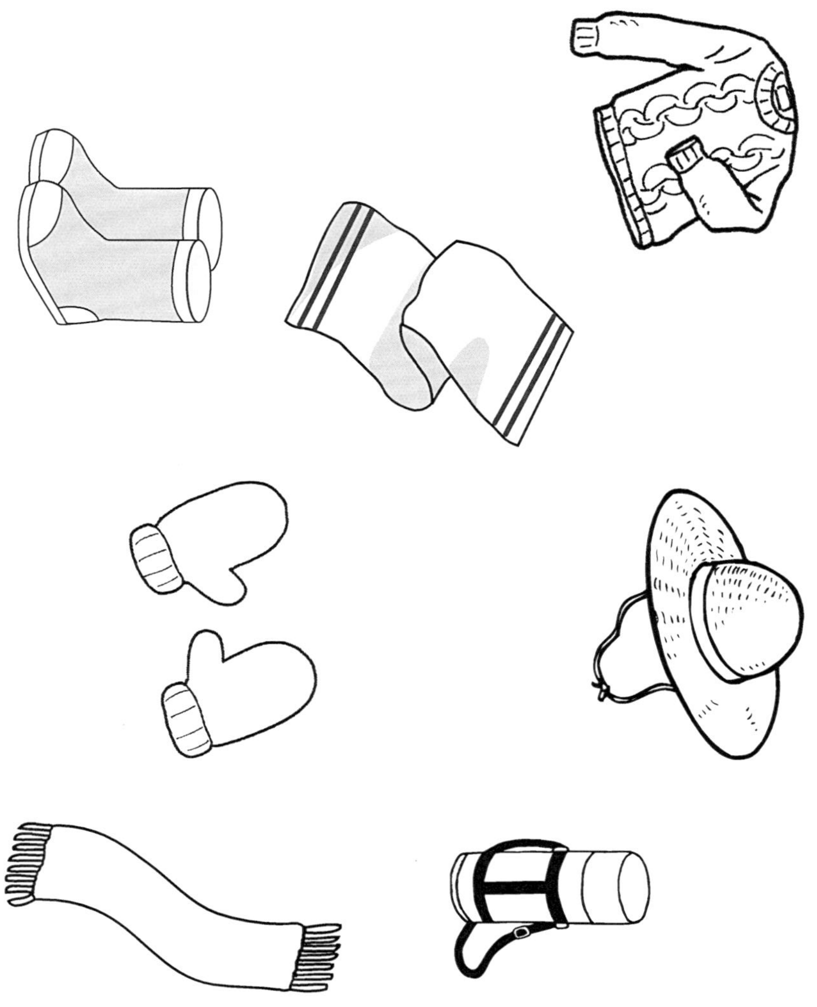

④

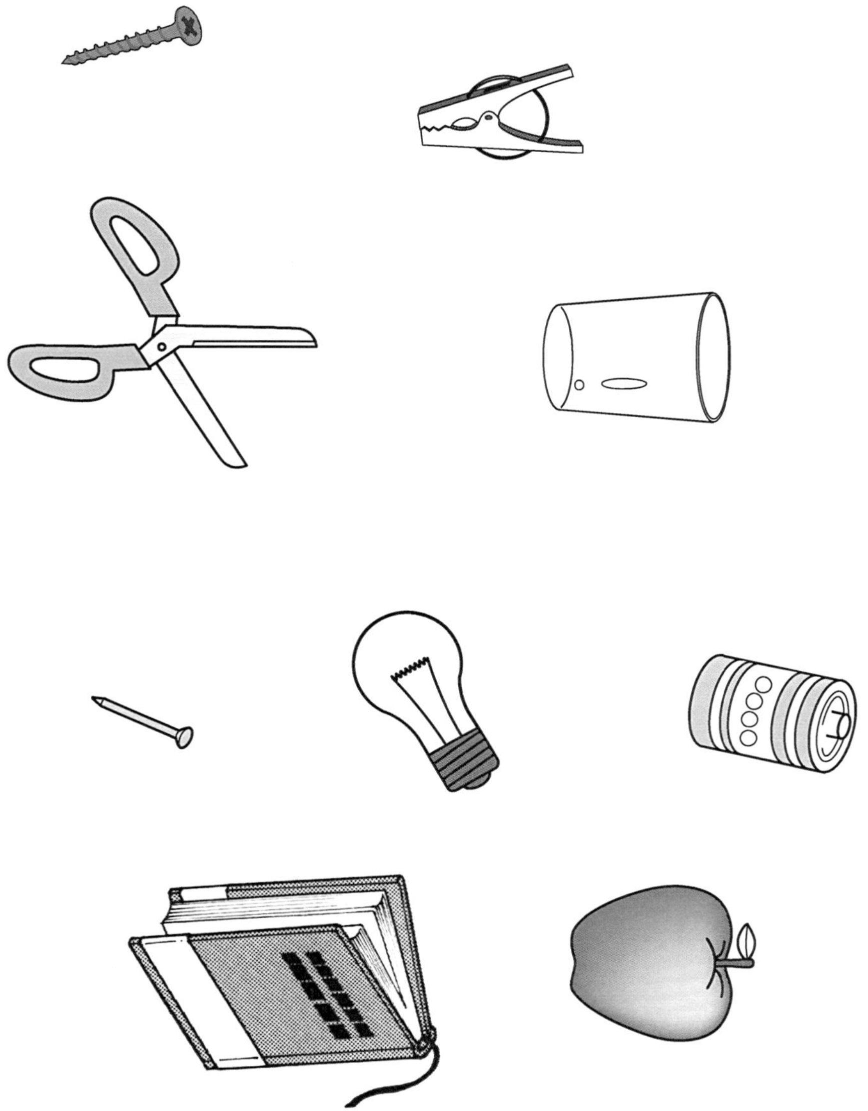

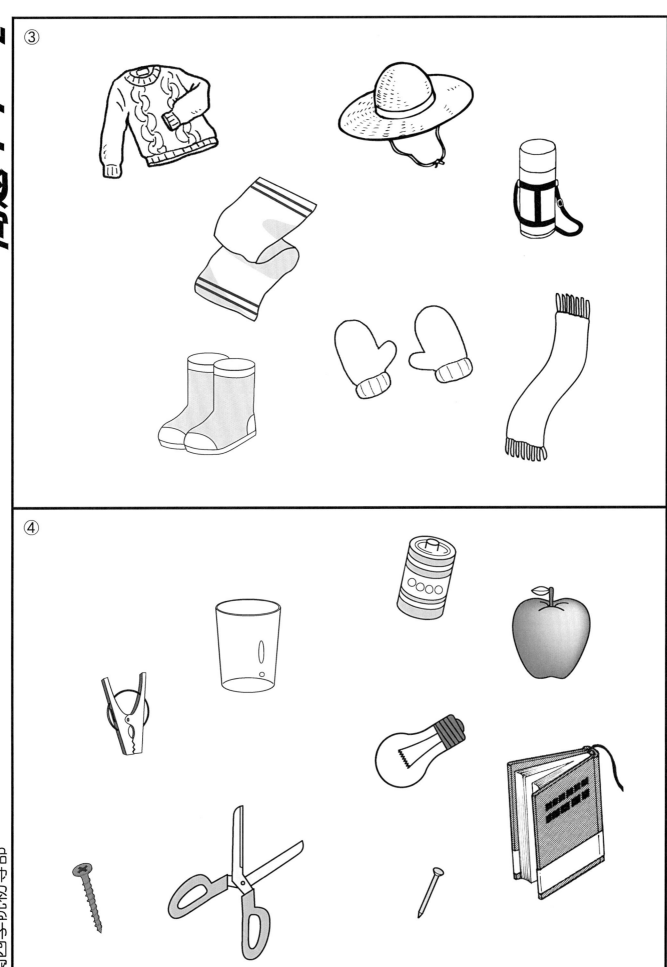

問題１８

①

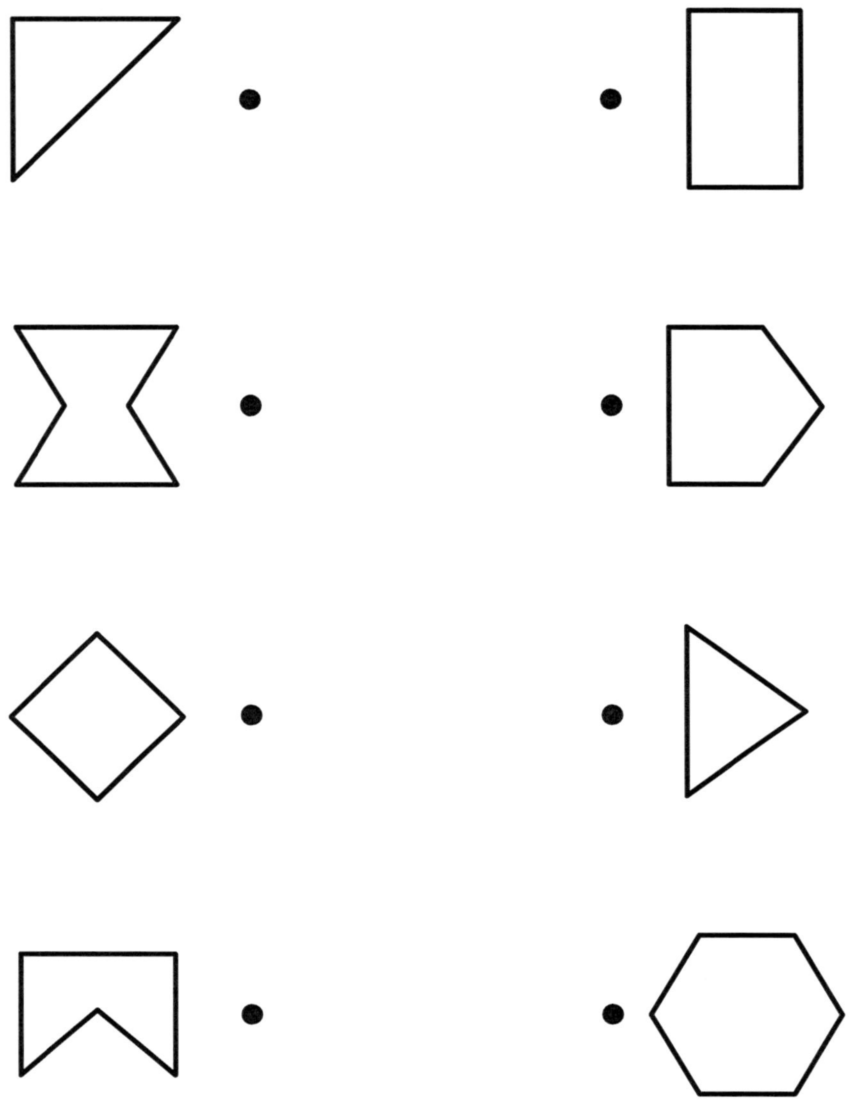

②

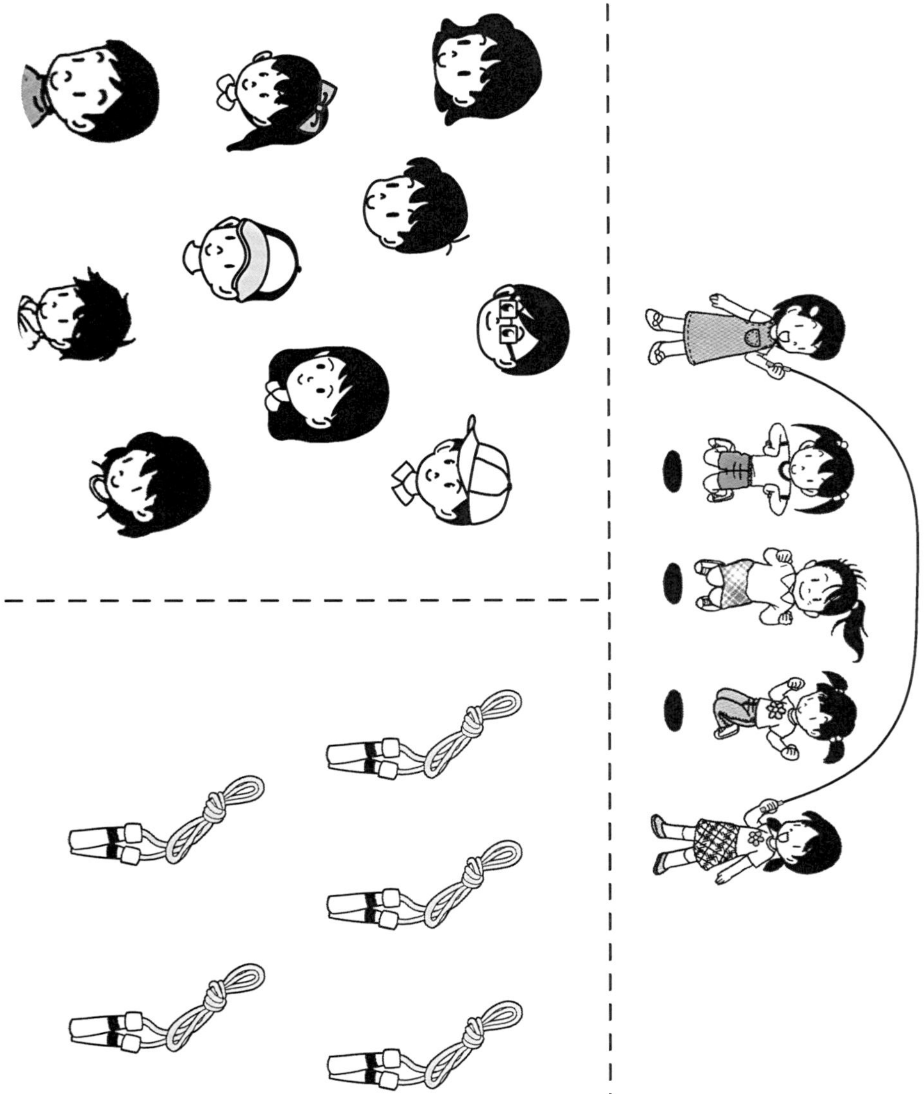

☆関西学院初等部

2021年度 関西学院・雲雀丘学園 過去　無断複製／転載を禁ずる　日本学習図書株式会社

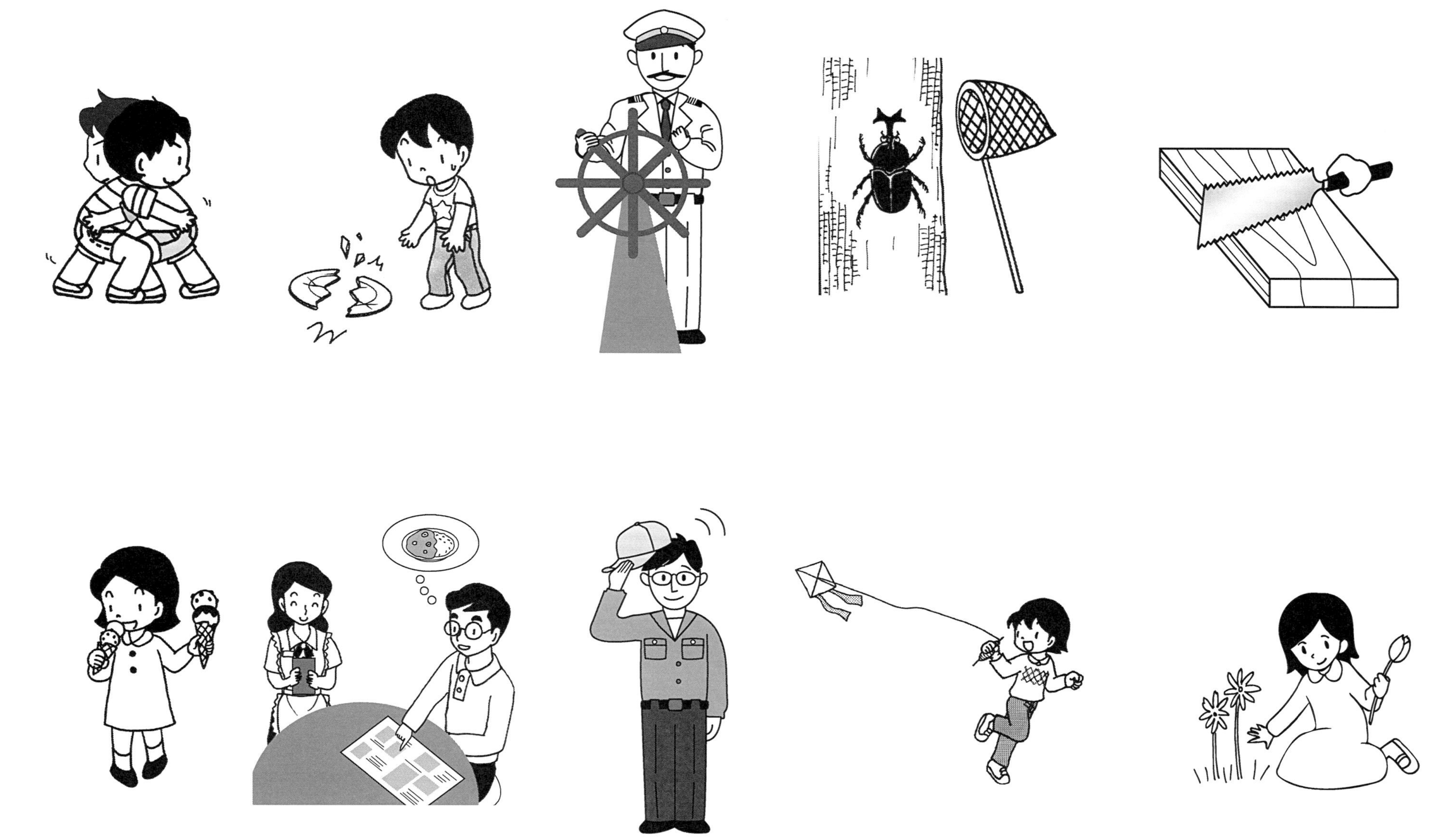

☆関西学院初等部

問題２０

①

②

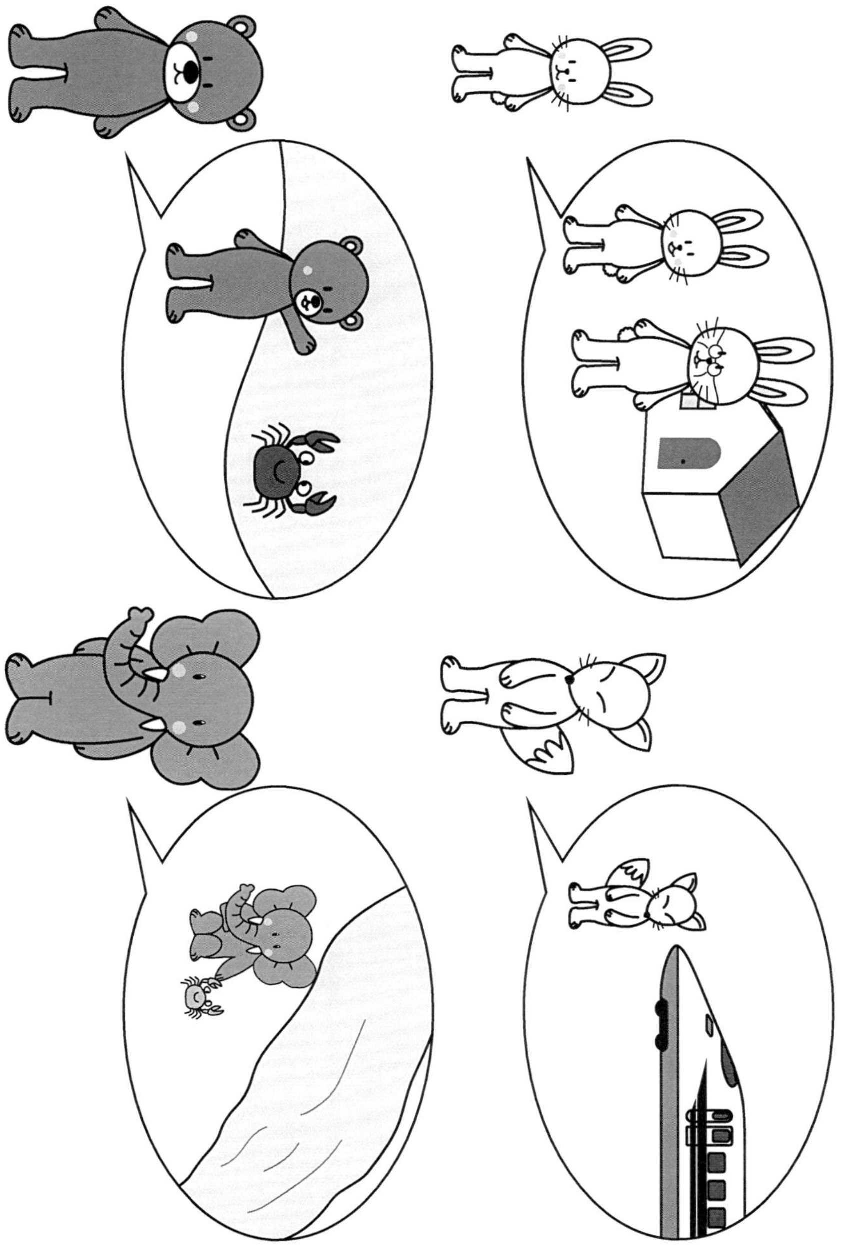

問題21

☆雲雀丘学園小学校

①

②

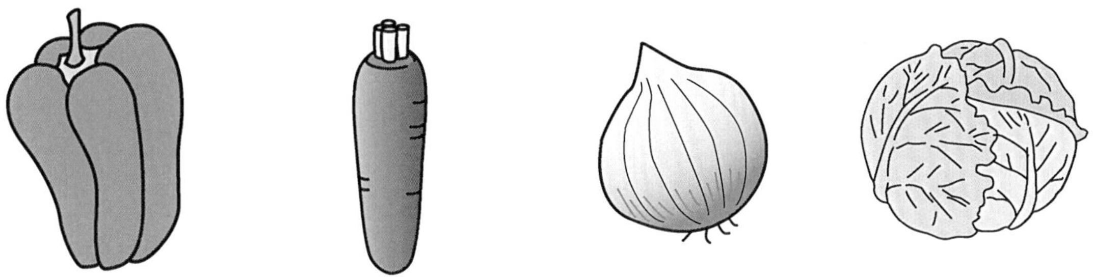

③

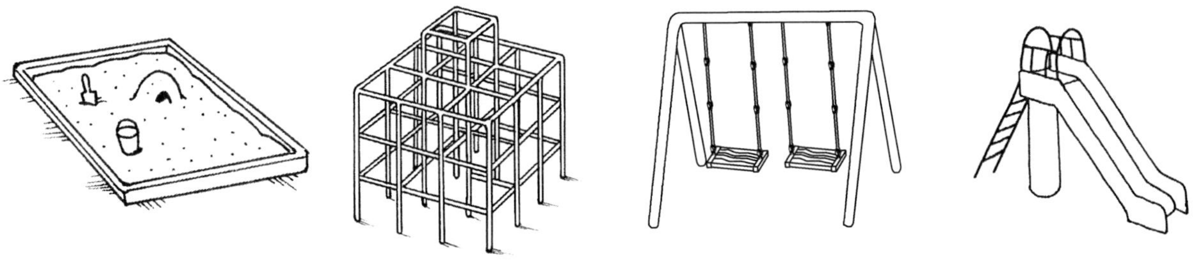

問題２２

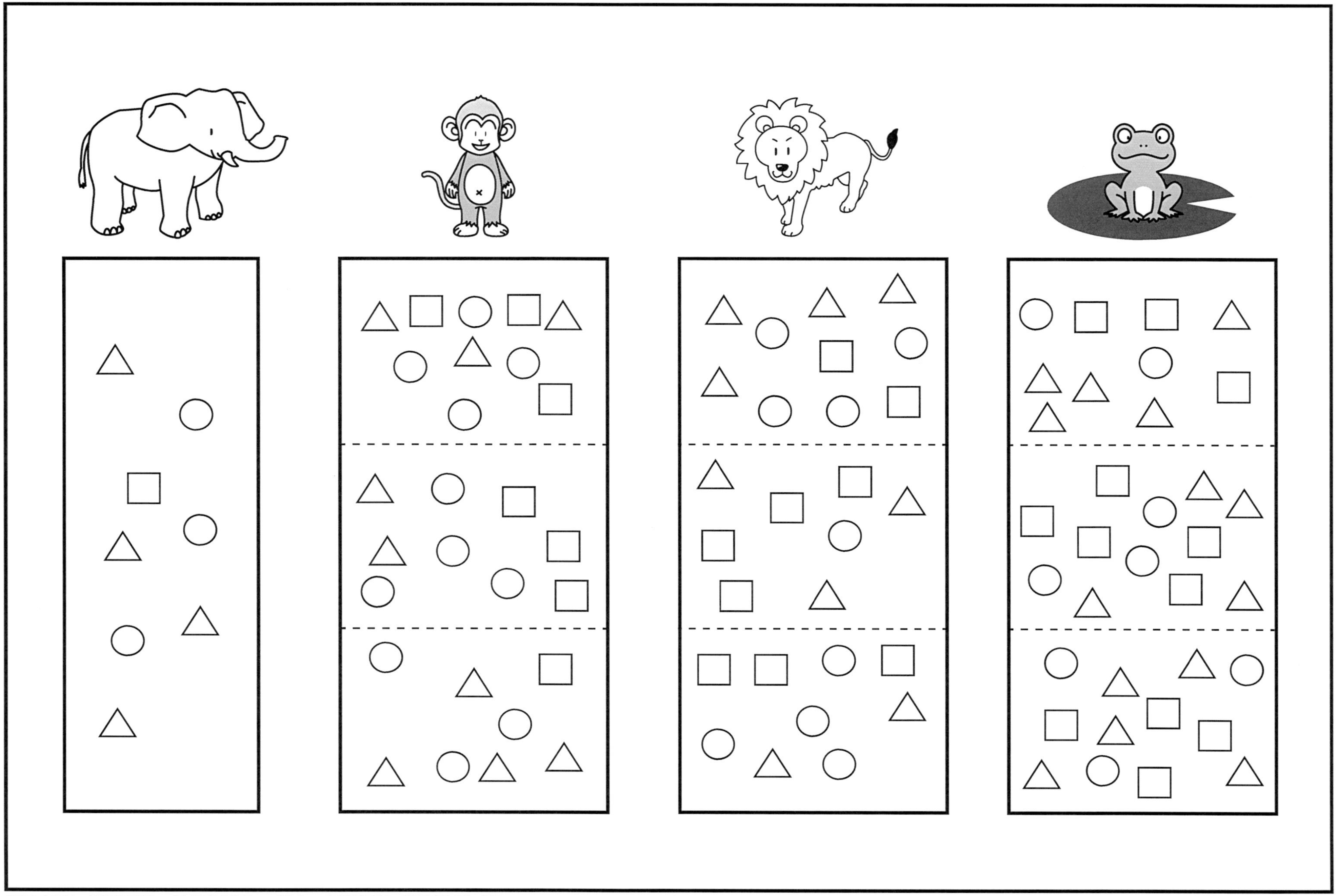

問題２３

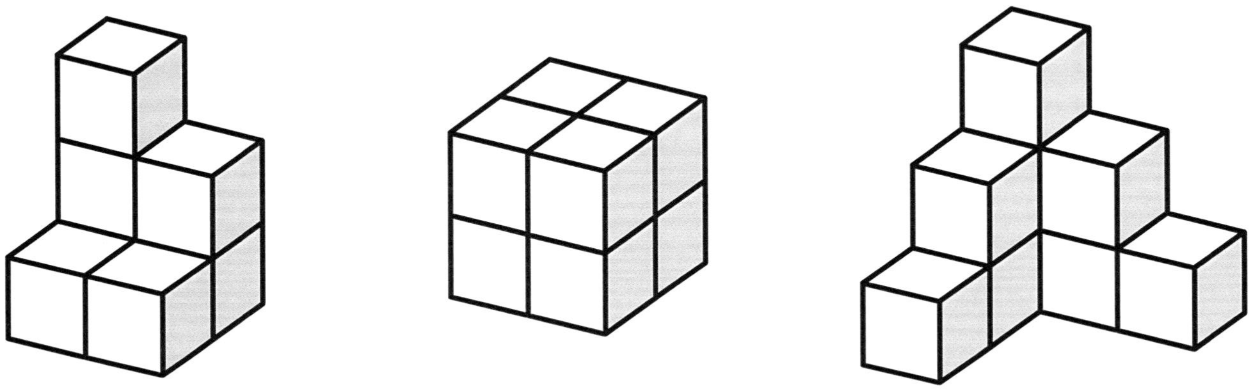

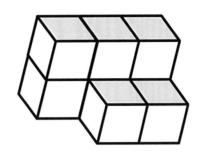

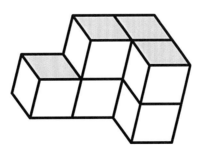

問題２４

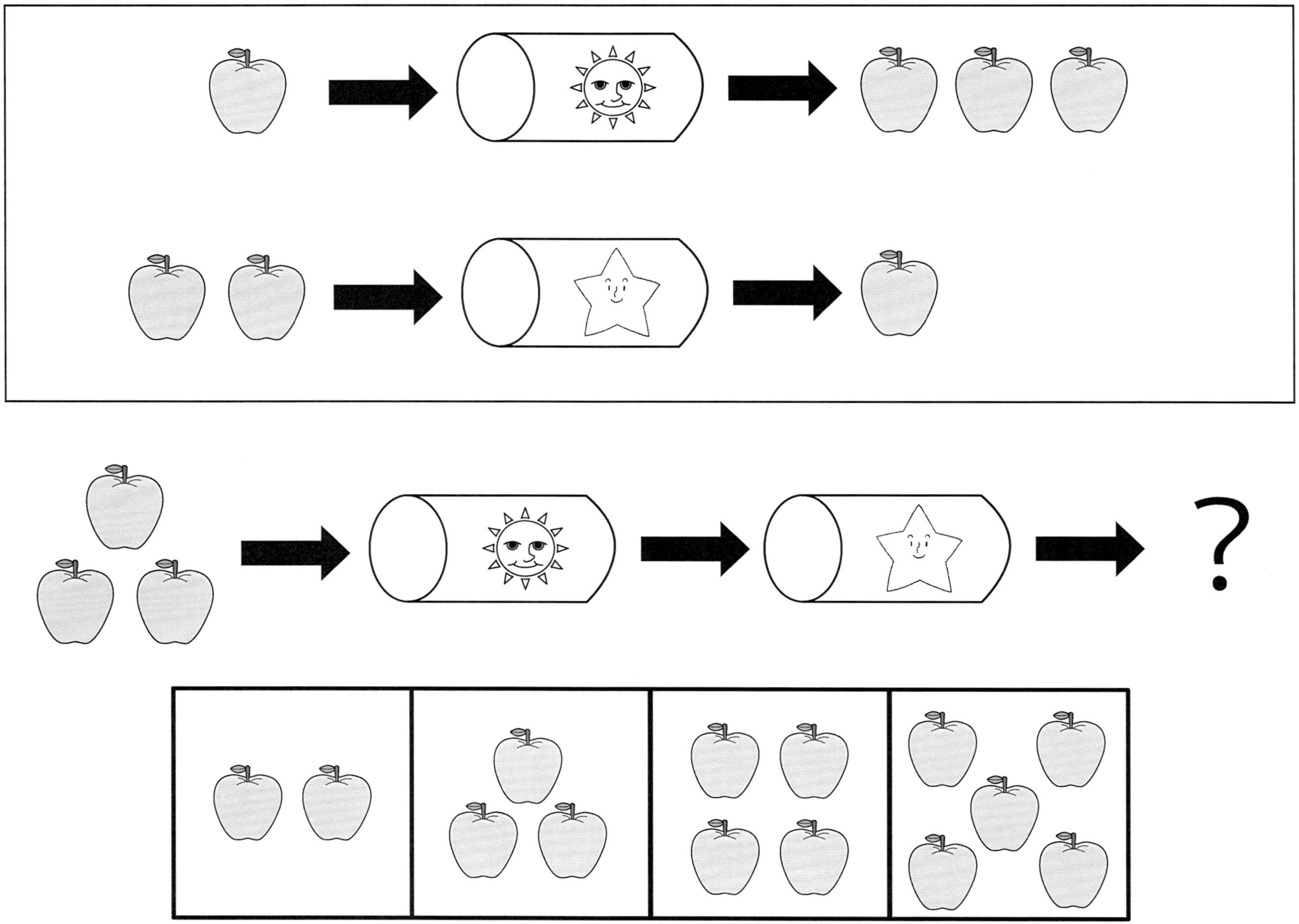

日本学習図書株式会社

問題25

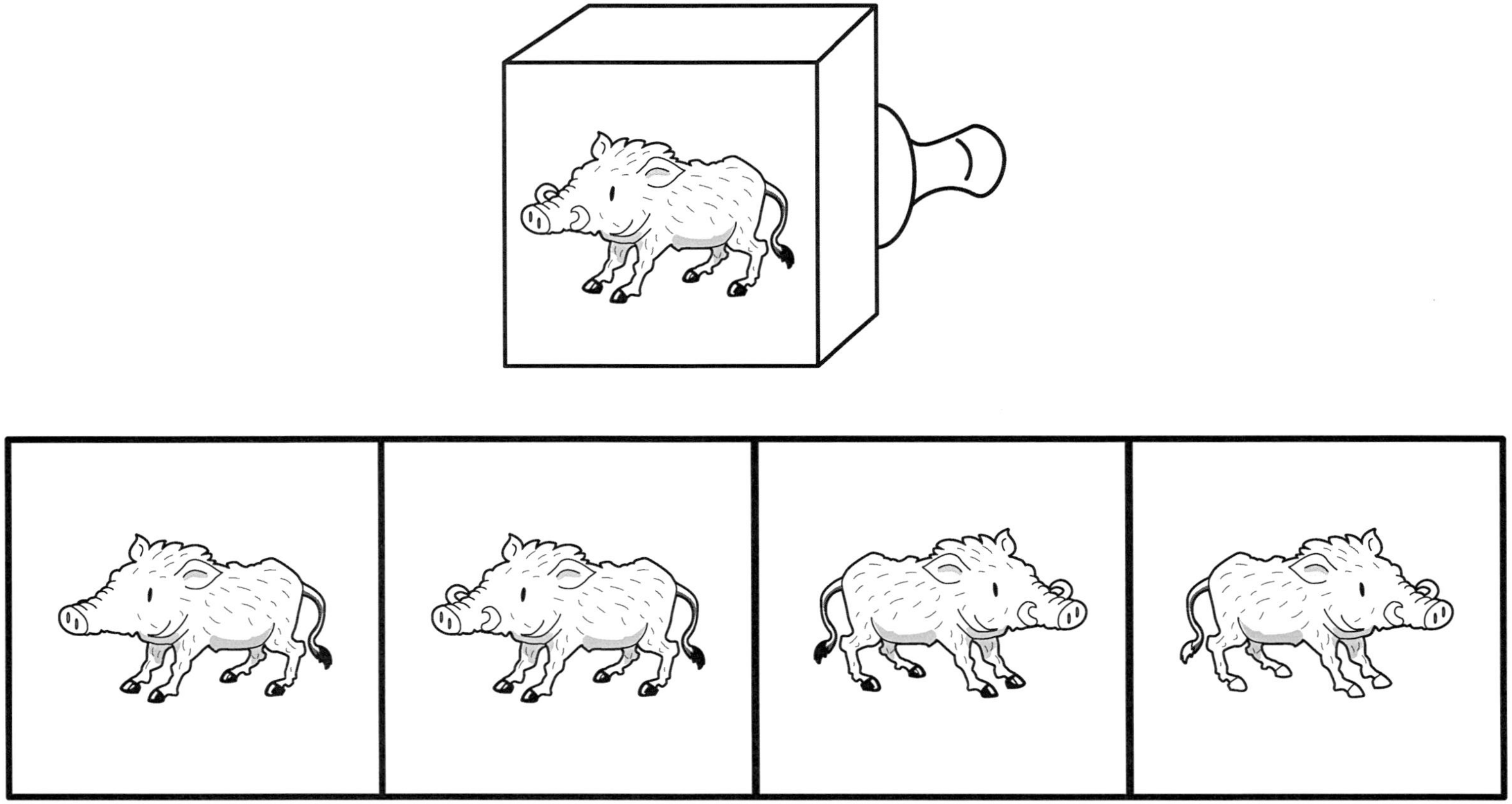

問題26－1

①

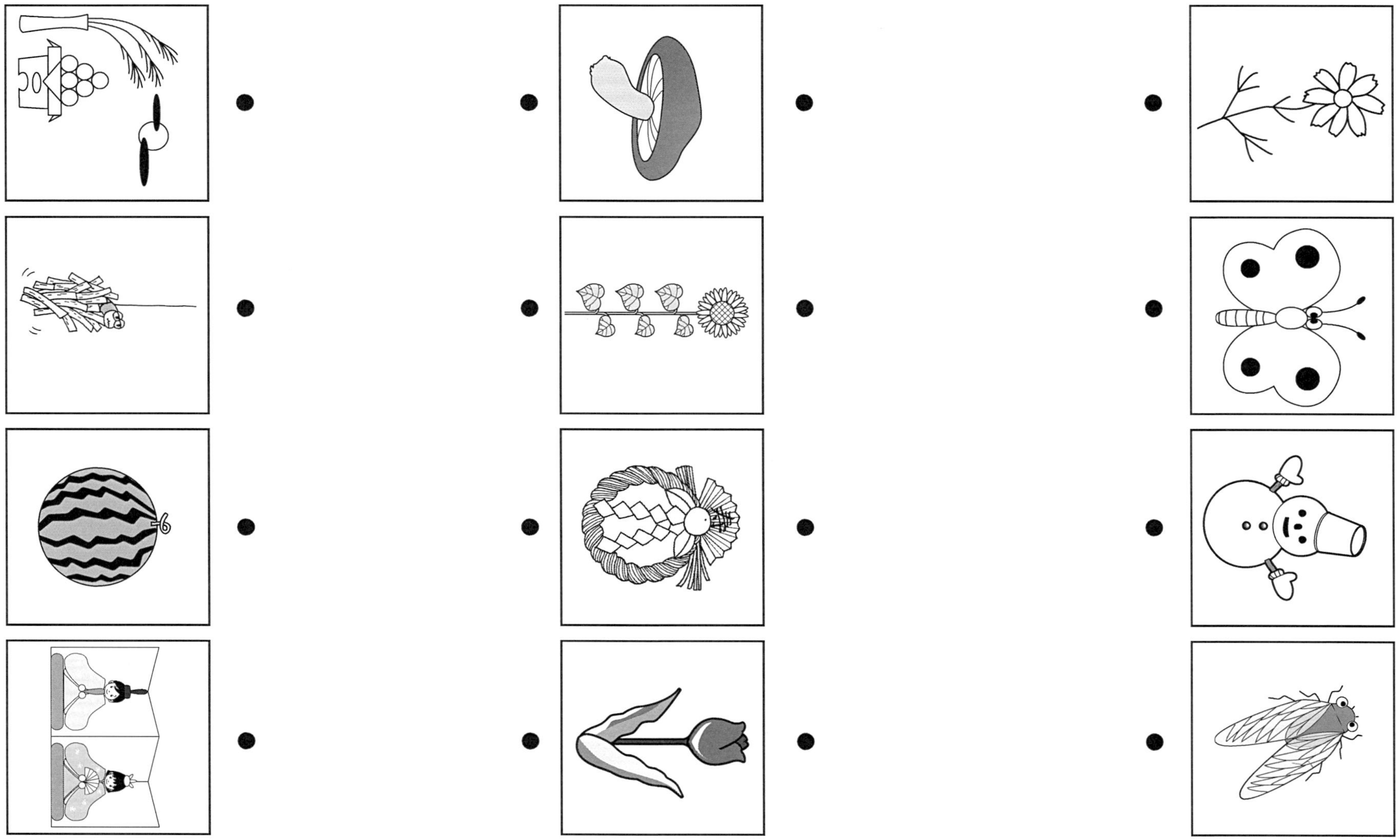

②

③

  ④

日本学習図書株式会社　　無断複製／転載を禁ずる　　2021 年度　関西学院・雲雀丘学園　過去

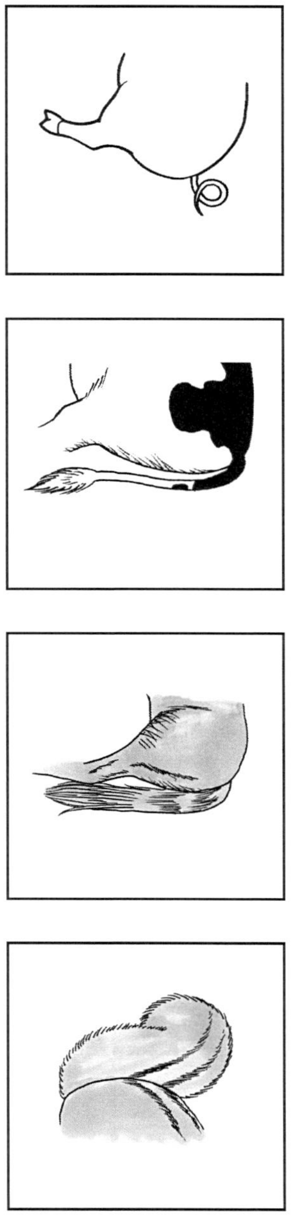

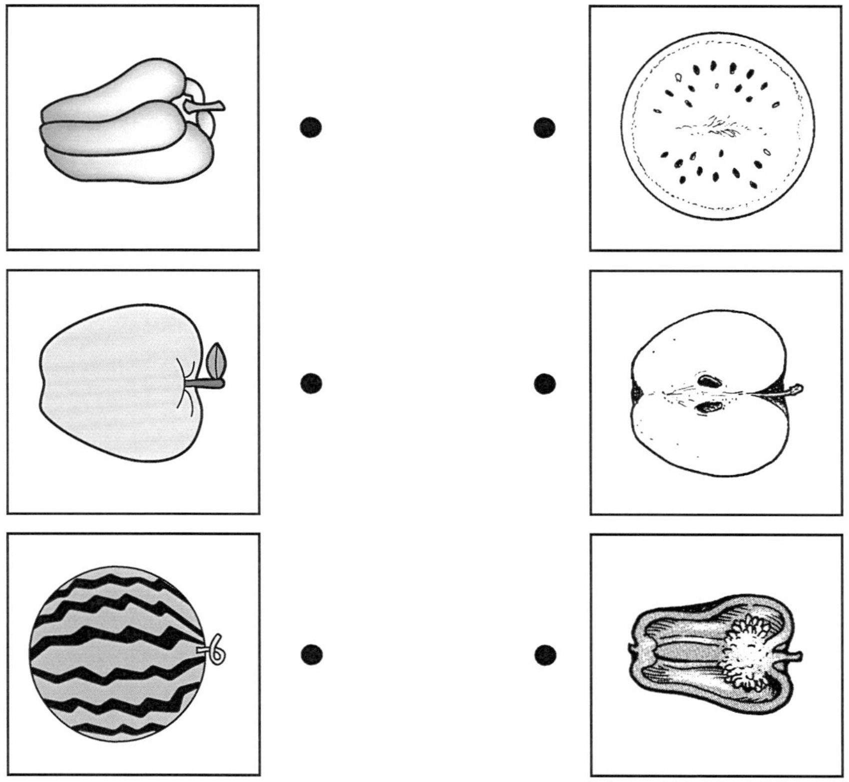

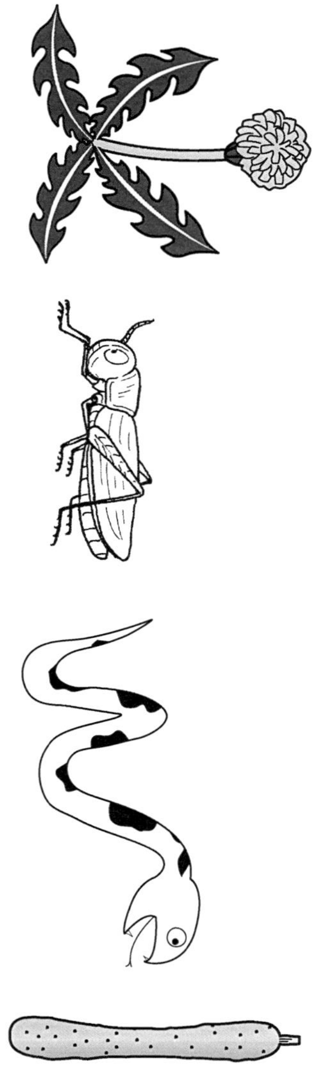

問題27

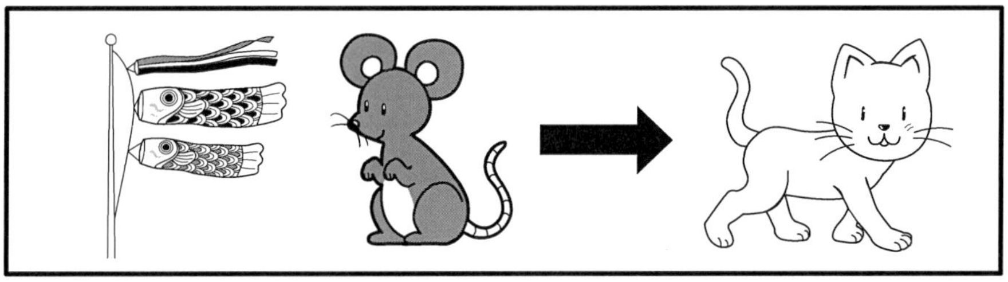

①

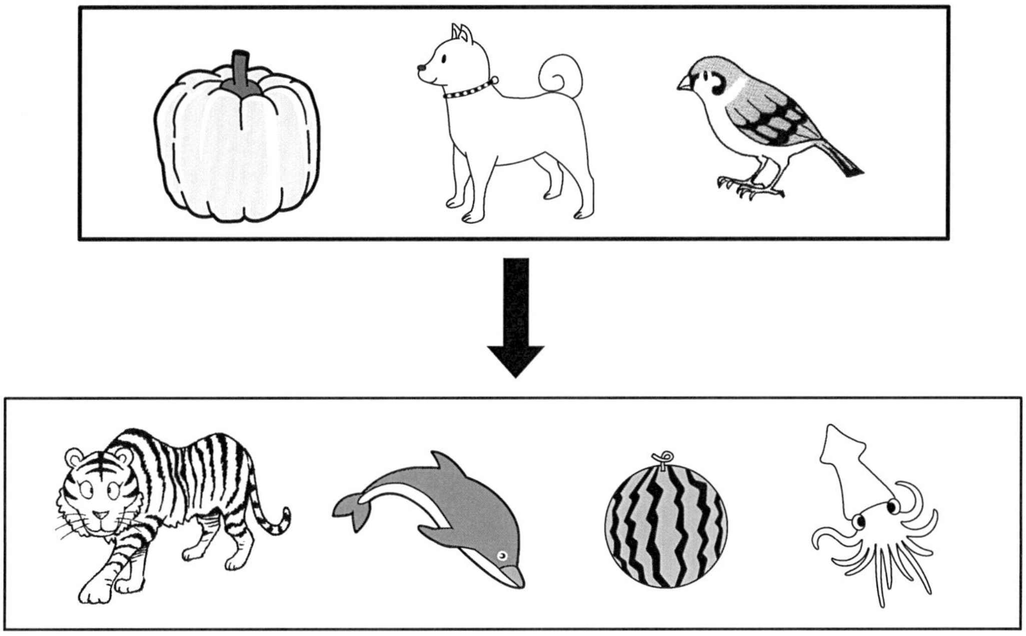

②

☆雲雀丘学園小学校

問題２８

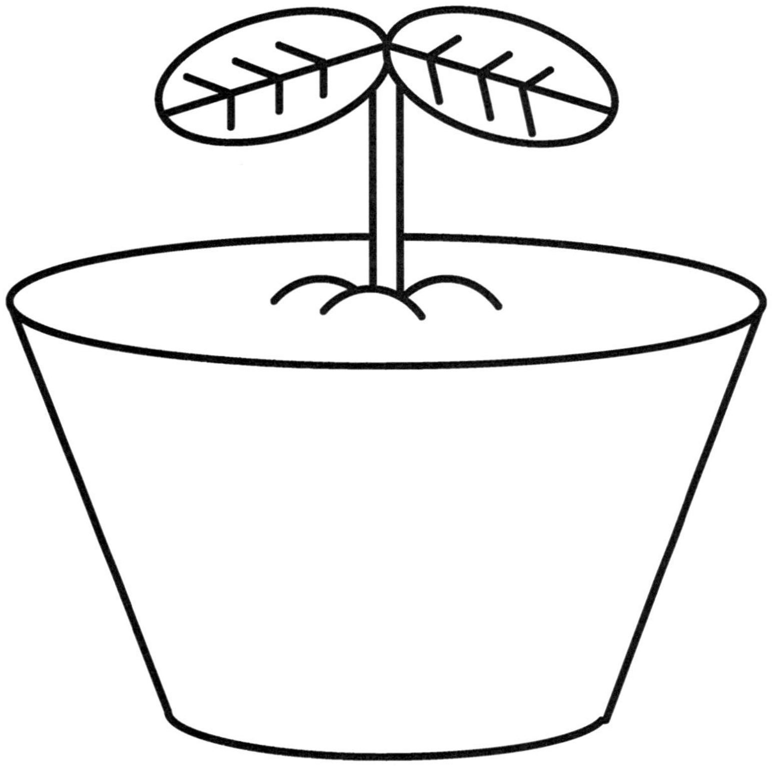

問題２９

日本学習図書株式会社

☆雲雀丘学園小学校

問題３０－１

②

②

⑧

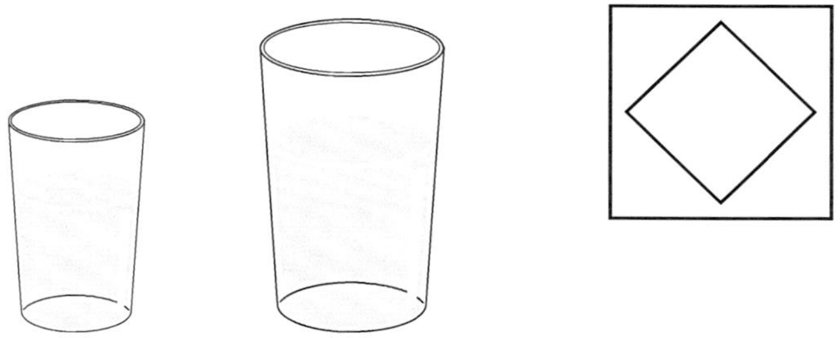

⑨

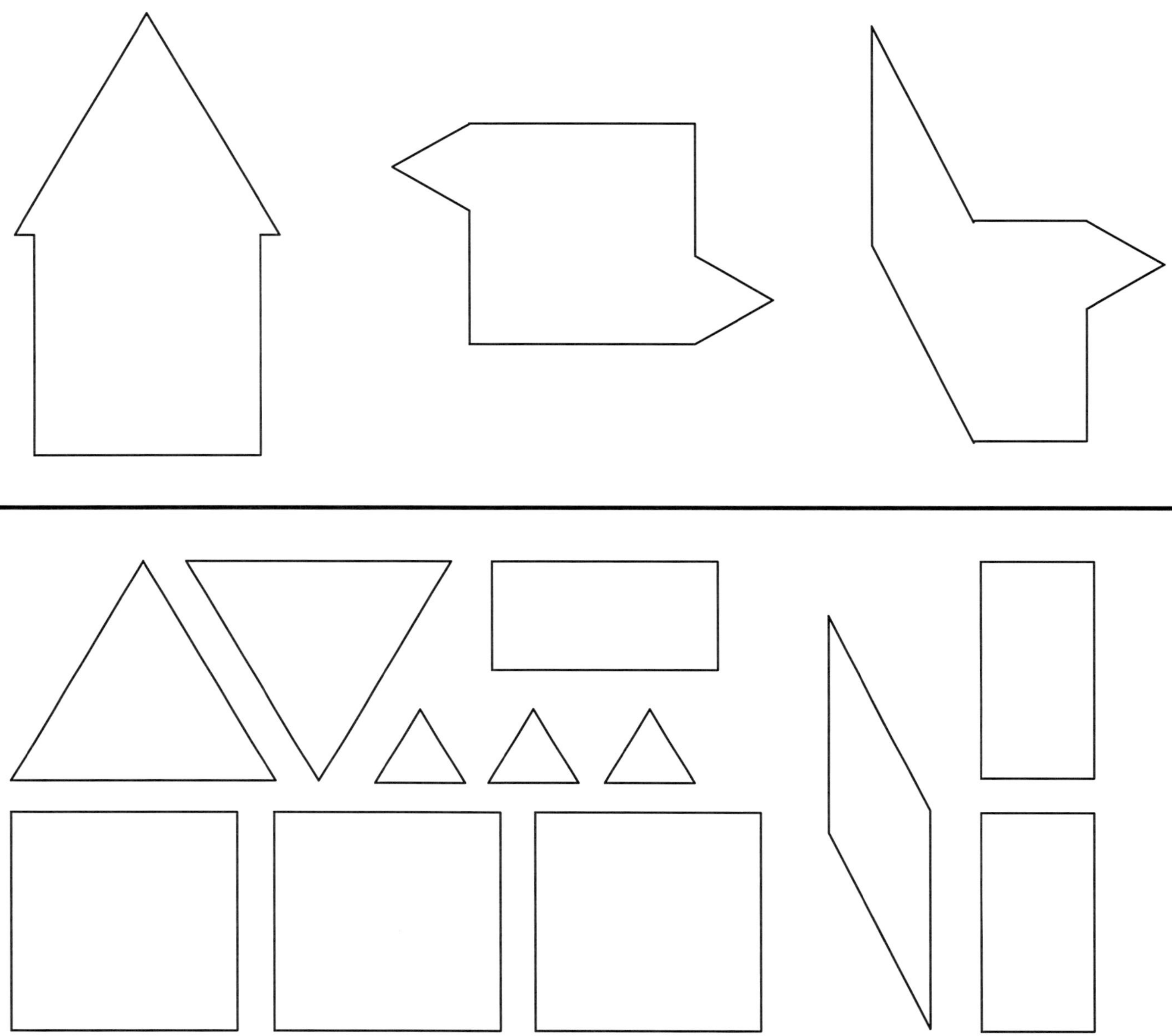

問題３１

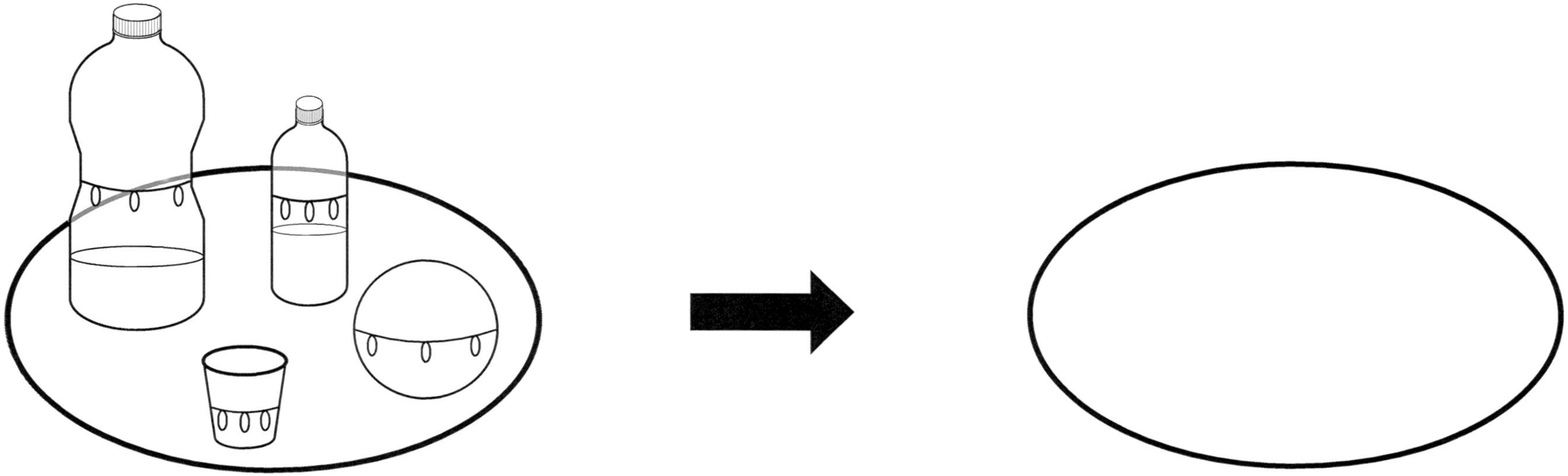

ペットボトルや紙コップ、ボールに輪ゴムをくくります。
輪ゴムで作った取手を１人ひとつずつ持ってもう１つのフラフープまで運んでください。

　

問題34

①

②

③

④

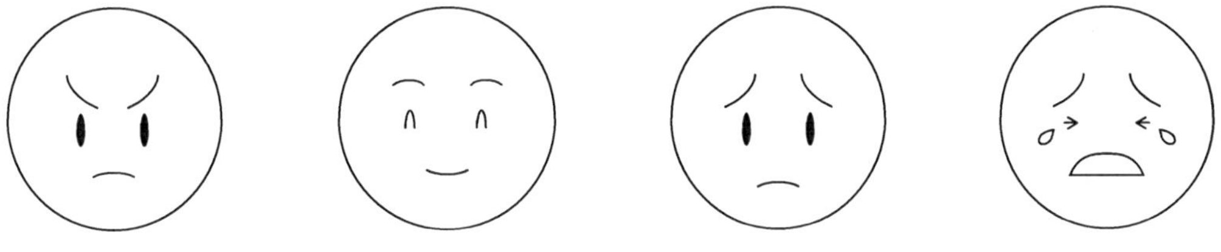

⑤

⑥

☆雲雀丘学園小学校

問題35

☆雲雀丘学園小学校

2021年度　関西学院・雲雀丘学園　過去　無断複製／転載を禁ずる　日本学習図書株式会社

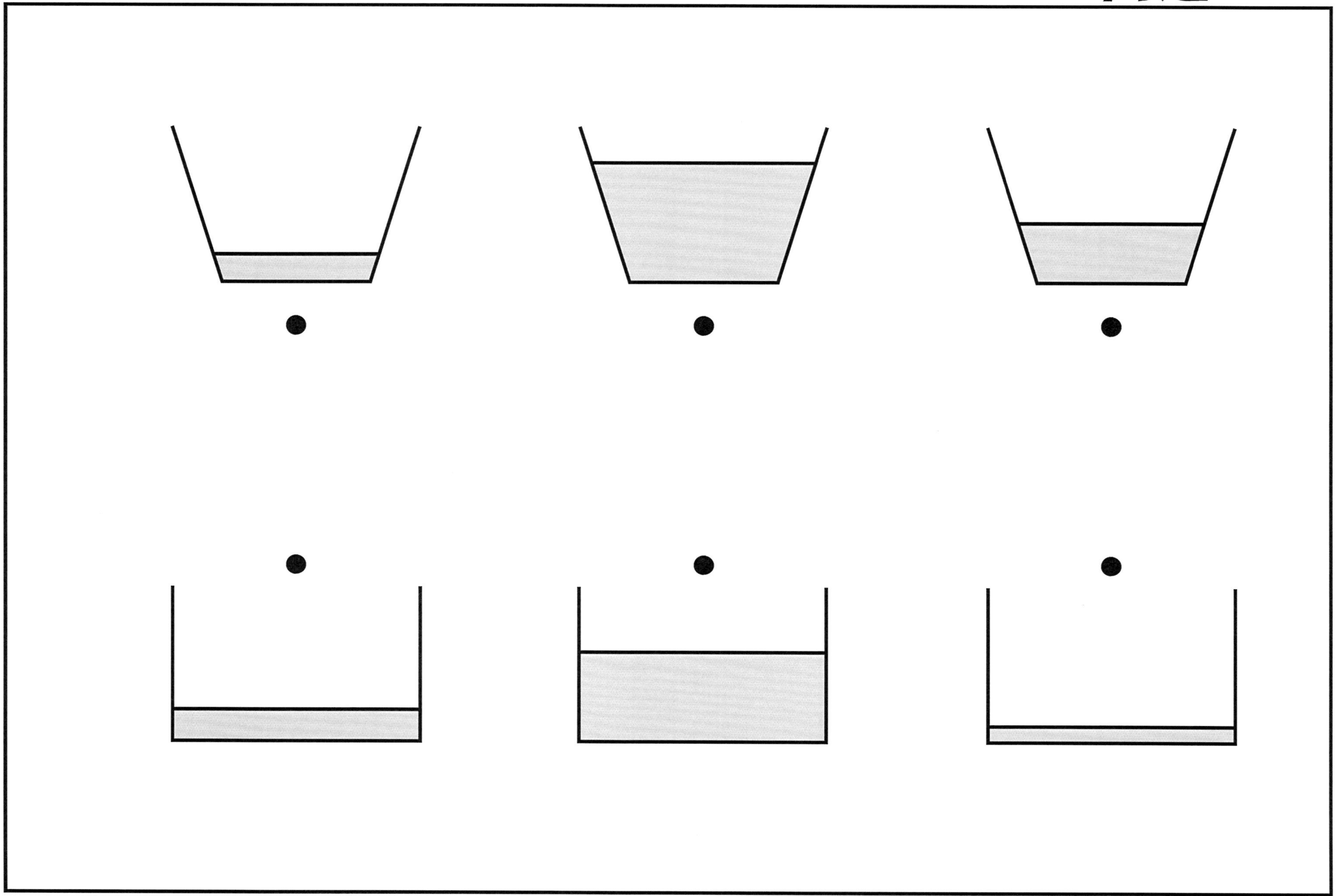

☆雲雀丘学園小学校

問題３７

①

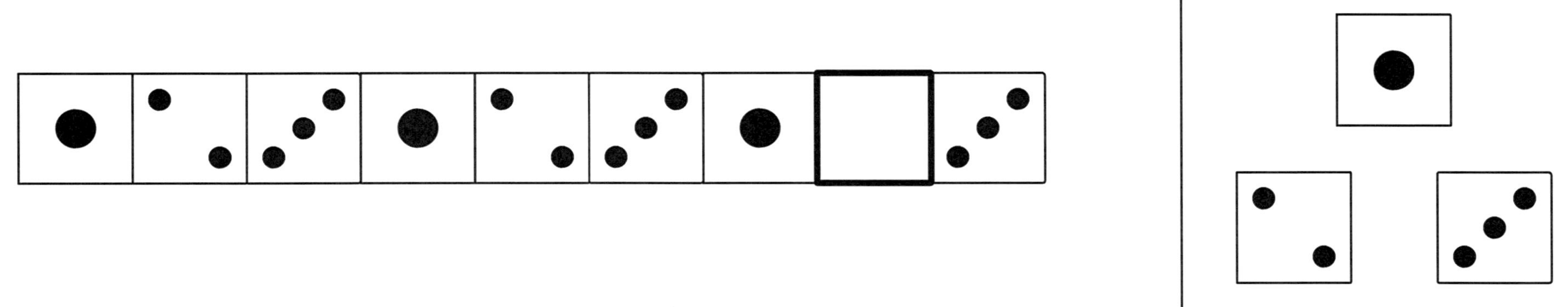

②

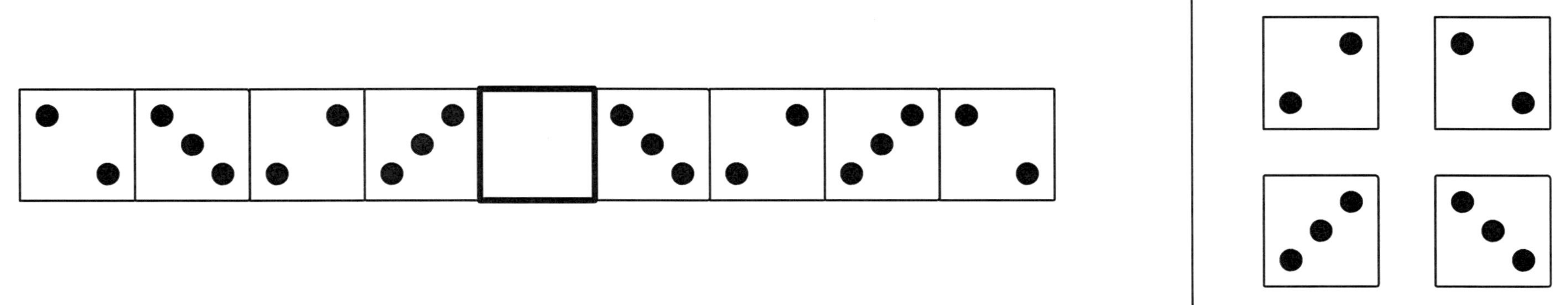

③

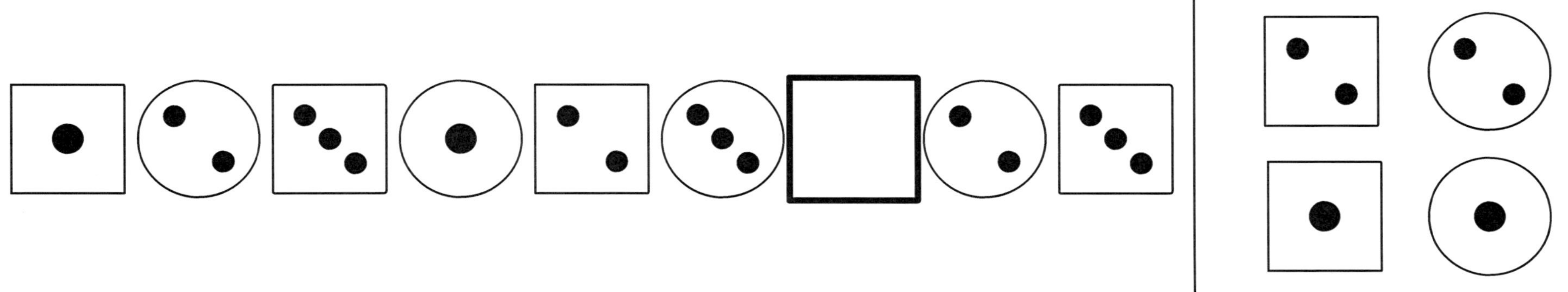

①

2021年度　関西学院・雲雀丘学園　過去　無断複製／転載を禁ずる　日本学習図書株式会社

☆雲雀丘学園小学校

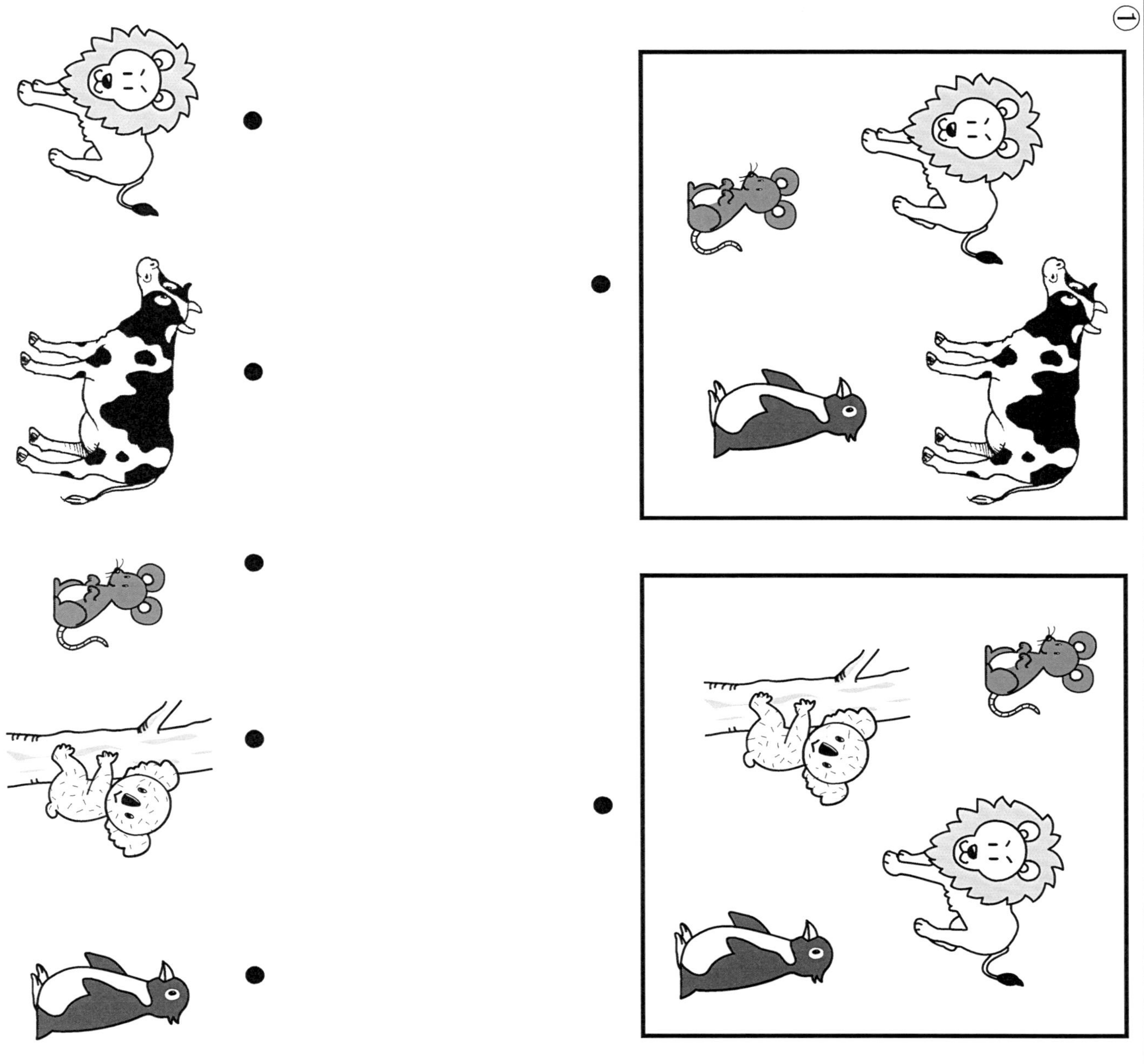

②

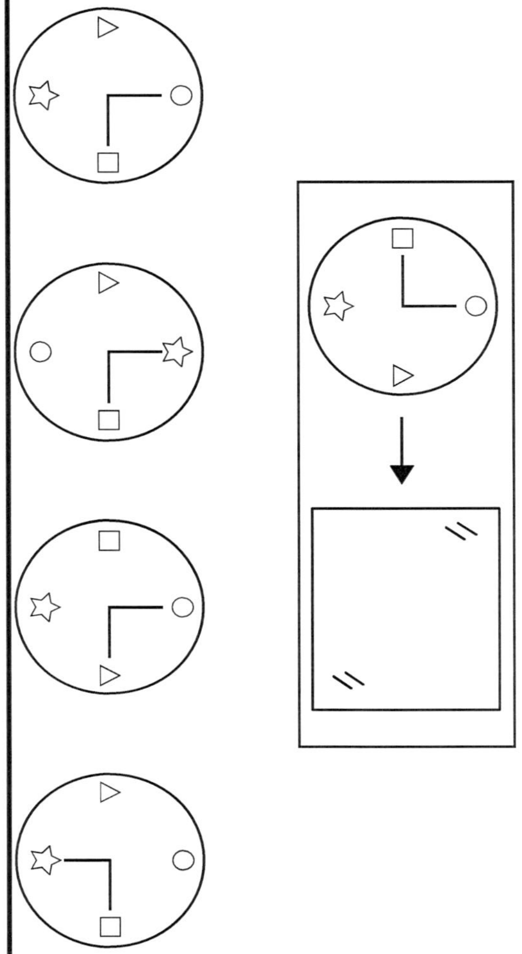

問題39

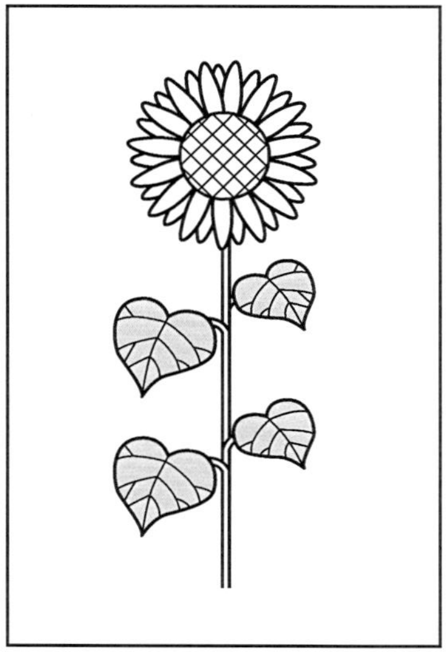

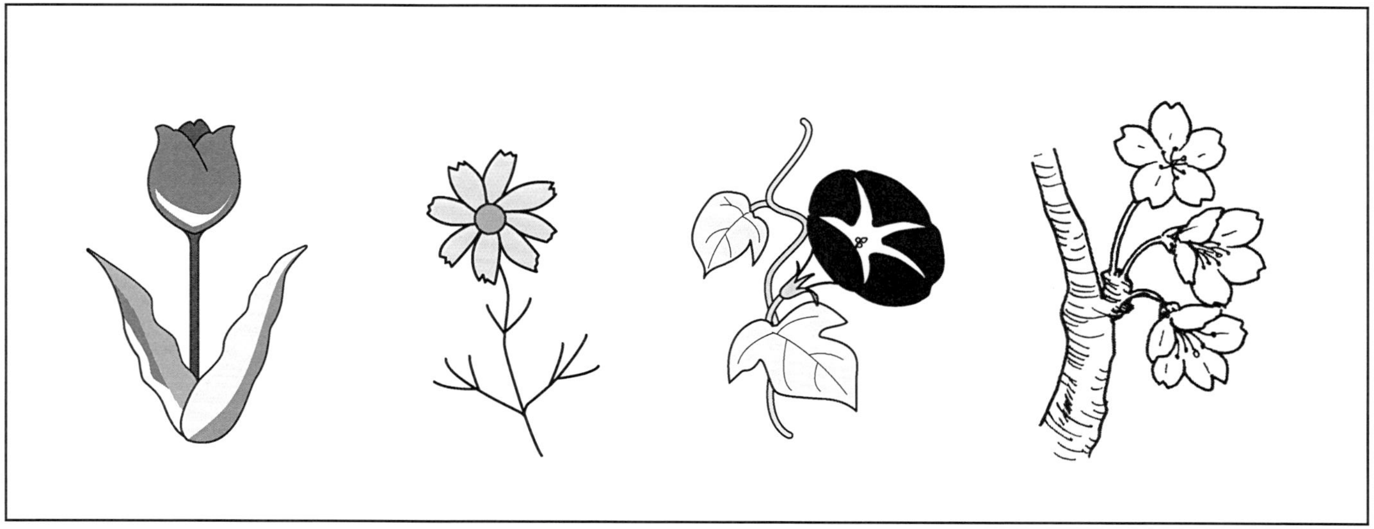

☆雲雀丘学園小学校

問題４０

①

②

日本学習図書株式会社

分野別 小学入試練習帳 ジュニアウォッチャー

1．点・線図形	小学校入試で出題頻度の高い『点・線図形』の模写を、難易度の低いものから段階別に幅広く練習することができるように構成。
2．座標	図形の位置模写という作業を、難易度の低いものから段階別に練習できるように構成。
3．パズル	様々なパズルの問題を難易度の低いものから段階別に練習できるように構成。
4．同図形探し	小学校入試で出題頻度の高い、同図形選びの問題を繰り返し練習できるように構成。
5．回転・展開	図形などを回転、または展開したとき、形がどのように変化するかを学習し、理解を深められるように構成。
6．系列	数、図形などの様々な系列問題を、難易度の低いものから段階別に練習できるように構成。
7．迷路	迷路の問題を繰り返し練習できるように構成。
8．対称	対称に関する問題を４つのテーマに分類し、各テーマごとに問題を段階別に練習できるように構成。
9．合成	図形の合成に関する問題を、難易度の低いものから段階別に練習できるように構成。
10．四方からの観察	もの（立体）を様々な角度から見て、どのように見えるかを推理する問題を段階別に整理し、１つの形式で複数の問題を練習できるように構成。
11．いろいろな仲間	ものや動物、植物の共通点を見つけ、分類していく問題を中心に構成。
12．日常生活	日常生活における様々な問題を６つのテーマに分類し、各テーマごとに一つの問題形式で複数の問題を練習できるように構成。
13．時間の流れ	『時間』に着目し、様々なものごとは、時間が経過するとどのように変化するのかということを学習し、理解できるように構成。
14．数える	様々なものを『数える』ことから、数の多少の判定やかけ算、わり算の基礎までを練習できるように構成。
15．比較	比較に関する問題を５つのテーマ（数、高さ、長さ、量、重さ）に分類し、各テーマごとに問題を段階別に練習できるように構成。
16．積み木	数える対象を積み木に限定した問題集。
17．言葉の音遊び	言葉の音に関する問題を５つのテーマに分類し、各テーマごとに問題を段階別に練習できるように構成。
18．いろいろな言葉	表現力をより豊かにするいろいろな言葉として、擬態語や擬声語、同音異義語、反意語、数詞を取り上げた問題集。
19．お話の記憶	お話を聴いてその内容を記憶、理解し、設問に答える形式の問題集。
20．見る記憶・聴く記憶	「見て憶える」「聴いて憶える」という『記憶』分野に特化した問題集。
21．お話作り	いくつかの絵を元にしてお話を作る練習をして、想像力を養うことができるように構成。
22．想像画	描かれてある形や景色に好きな絵を描くことにより、想像力を養うことができるように構成。
23．切る・貼る・塗る	小学校入試で出題頻度の高い、はさみやのりなどを用いた巧緻性の問題を繰り返し練習できるように構成。
24・絵画	小学校入試で出題頻度の高い、お絵かきやぬり絵などクレヨンやクーピーペンを用いた巧緻性の問題を繰り返し練習できるように構成。
25．生活巧緻性	小学校入試で出題頻度の高い日常生活の様々な場面における巧緻性の問題集。
26．文字・数字	ひらがなの清音、濁音、拗音、拗長音、促音と１～20までの数字に焦点を絞り、練習できるように構成。
27．理科	小学校入試で出題頻度が高くなりつつある理科の問題を集めた問題集。
28．運動	出題頻度の高い運動問題を種目別に分けて構成。
29．行動観察	項目ごとに問題提起をし、「このような時はどうか、あるいはどう対処するのか」の観点から問いかける形式の問題集。
30．生活習慣	学校から家庭に提起された問題と思って、一問一問絵を見ながら話し合い、考える形式の問題集。

31．推理思考	数、量、言語、常識（含理科、一般）など、諸々のジャンルから問題を構成し、近年の小学校入試問題傾向に沿って構成。
32．ブラックボックス	箱や筒の中を通ると、どのようなお約束でどのように変化するかを推理・思考する問題集。
33．シーソー	重さの違うものをシーソーに乗せた時どちらに傾くのか、またどうすればシーソーは釣り合うのかを思考する基礎的な問題集。
34．季節	様々な行事や植物などを季節別に分類できるように知識をつける問題集。
35．重ね図形	小学校入試で頻繁に出題されている「図形を重ね合わせてできる形」についての問題を集めました。
36．同数発見	様々な物を数え「同じ数」を発見し、数の多少の判断や数の認識の基礎を学べるように構成した問題集。
37．選んで数える	数の学習の基本となる、いろいろなものの数を正しく数える学習を行う問題集。
38．たし算・ひき算１	数字を使わず、たし算とひき算の基礎を身につけるための問題集。
39．たし算・ひき算２	数字を使わず、たし算とひき算の基礎を身につけるための問題集。
40．数を分ける	数を等しく分ける問題です。等しく分けたときに余りが出るものもあります。
41．数の構成	ある数がどのような数で構成されているか学んでいきます。
42．一対多の対応	一対一の対応から、一対多の対応まで、かけ算の考え方の基礎学習を行います。
43．数のやりとり	あげたり、もらったり、数の変化をしっかりと学びます。
44．見えない数	指定された条件から数を導き出します。
45．図形分割	図形の分割に関する問題集。パズルや合成の分野にも通じる様々な問題を集めました。
46．回転図形	「回転図形」に関する問題集。やさしい問題から始め、いくつかの代表的なパターンから、段階を踏んで学習できるよう編集されています。
47．座標の移動	「マス目の指示通りに移動する問題」と「指示された数だけ移動する問題」を収録。
48．鏡図形	鏡で左右反転させた時の見え方を考えます。平面図形から立体図形、文字、絵まで。
49．しりとり	すべての学習の基礎となる「言葉」を学ぶこと、特に「語彙」を増やすことに重点をおき、さまざまなタイプの「しりとり」問題を集めました。
50．観覧車	観覧車やメリーゴーラウンドなどを舞台にした「回転系列」の問題集。「推理思考」分野の問題ですが、要素として「図形」や「数量」も含みます。
51．運筆①	鉛筆の持ち方を学び、点線なぞり、お手本を見ながらの模写で、線を引く練習をします。
52．運筆②	運筆①からさらに発展し、「欠所補完」や「迷路」などを楽しみながら、より複雑な鉛筆運びを習得することを目指します。
53．四方からの観察 積み木編	積み木を使用した「四方からの観察」に関する問題を練習できるように構成。
54．図形の構成	見本の図形がどのような部分によって形づくられているかを考えます。
55．理科②	理科的知識に関する問題を集中して練習する「常識」分野の問題集。
56．マナーとルール	道路や駅、公共の場でのマナー、安全や衛生に関する常識を学べるように構成。
57．置き換え	さまざまな具体的・抽象的事象を記号で表す「置き換え」の問題を扱います。
58．比較②	長さ・高さ・体積・数などを数学的な知識を使わず、論理的に推測する「比較」の問題を練習できるように構成。
59．欠所補完	線と線のつながり、欠けた絵に当てはまるものなどを求める「欠所補完」に取り組める問題集です。
60．言葉の音（おん）	しりとり、決まった順番の音をつなげるなど、「言葉の音」に関する問題に取り組める練習問題集です。

図書カード1000円分プレゼント

ご記入日　　年　月　日

☆国・私立小学校受験アンケート☆

※可能な範囲でご記入下さい。選択肢は○で囲んで下さい。

〈小学校名〉＿＿＿＿＿＿＿＿　〈お子さまの性別〉男・女　〈誕生月〉＿＿月

〈その他の受験校〉（複数回答可）＿＿＿＿＿＿＿＿

〈受験日〉①：＿月＿日〈時間〉＿時＿分～＿時＿分

②：＿月＿日〈時間〉＿時＿分～＿時＿分

〈受験者数〉男女計＿名（男子＿名　女子＿名）

〈お子さまの服装〉＿＿＿＿＿＿＿＿

〈入試全体の流れ〉（記入例）準備体操→行動観察→ペーパーテスト

＿＿＿＿＿＿＿＿

Eメールによる情報提供

日本学習図書では、Eメールでも入試情報を募集しております。
下記のアドレスに、アンケートの内容をご入力の上、メールをお送り下さい。

ojuken@nichigaku.jp

●行動観察　（例）好きなおもちゃで遊ぶ・グループで協力するゲームなど

〈実施日〉＿月＿日〈時間〉＿時＿分～＿時＿分〈着替え〉□有　□無

〈出題方法〉□肉声　□録音　□その他（　　　　）〈お手本〉□有　□無

〈試験形態〉□個別　□集団（　　人程度）

〈内容〉

□自由遊び

＿＿＿＿＿＿＿＿

□グループ活動

＿＿＿＿＿＿＿＿

□その他

＿＿＿＿＿＿＿＿

〈会場図〉

●運動テスト（有・無）　（例）跳び箱・チームでの競争など

〈実施日〉＿月＿日〈時間〉＿時＿分～＿時＿分〈着替え〉□有　□無

〈出題方法〉□肉声　□録音　□その他（　　　　）〈お手本〉□有　□無

〈試験形態〉□個別　□集団（　　人程度）

〈内容〉

□サーキット運動

□走り　□跳び箱　□平均台　□ゴム跳び

□マット運動　□ボール運動　□なわ跳び

□クマ歩き

□グループ活動＿＿＿＿＿＿＿＿

□その他＿＿＿＿＿＿＿＿

〈会場図〉

日本学習図書株式会社

●知能テスト・口頭試問

〈実施日〉 ＿＿月＿＿日 〈時間〉 ＿＿時＿＿分 ～ ＿＿時＿＿分 〈お手本〉□有 □無

〈出題方法〉 □肉声 □録音 □その他（　　　　　） 〈問題数〉 ＿＿枚 ＿＿問

分野	方法	内　　容	詳　細・イ　ラ　ス　ト
（例） お話の記憶	☑筆記 □口頭	動物たちが待ち合わせをする話	（あらすじ） 動物たちが待ち合わせをした。最初にウサギさんが来た。次にイヌくんが、その次にネコさんが来た。最後にタヌキくんが来た。 （問題・イラスト） ３番目に来た動物は誰か 
お話の記憶	□筆記 □口頭		（あらすじ） （問題・イラスト）
図形	□筆記 □口頭		
言語	□筆記 □口頭		
常識	□筆記 □口頭		
数量	□筆記 □口頭		
推理	□筆記 □口頭		
その他	□筆記 □口頭		

日本学習図書株式会社

●制作　（例）ぬり絵・お絵かき・工作遊びなど

〈実施日〉＿＿月＿＿日〈時間〉＿＿時＿＿分＿＿～＿＿時＿＿分

〈出題方法〉□肉声　□録音　□その他（　　　　　　　）〈お手本〉□有　□無

〈試験形態〉□個別　□集団（　　　　人程度）

材料・道具	制作内容
□ハサミ □のり（□つぼ　□液体　□スティック） □セロハンテープ □鉛筆　□クレヨン（　色） □クーピーペン（　色） □サインペン（　色）□ □画用紙（□ A4　□ B4　□ A3 □その他：　　　　　） □折り紙　□新聞紙　□粘土 □その他（　　　　　　）	□切る　□貼る　□塗る　□ちぎる　□結ぶ　□描く　□その他（　　　　　　） タイトル：＿＿＿＿＿＿＿＿＿＿＿＿＿＿

●面接

〈実施日〉＿＿月＿＿日〈時間〉＿＿時＿＿分＿＿～＿＿時＿＿分〈面接担当者〉＿＿名

〈試験形態〉□志願者のみ（　　）名　□保護者のみ　□親子同時　□親子別々

〈質問内容〉

※試験会場の様子をご記入下さい。

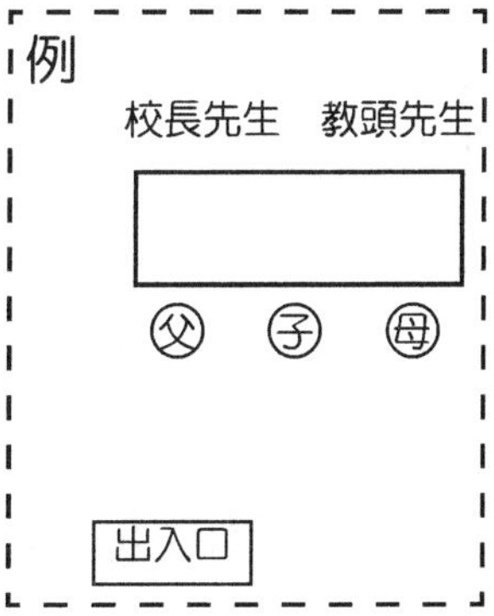

□志望動機　□お子さまの様子

□家庭の教育方針

□志望校についての知識・理解

□その他（　　　　　　　　　　　　）

（　詳　細　）

・

・

・

・

●保護者作文・アンケートの提出（有・無）

〈提出日〉□面接直前　□出願時　□志願者考査中　□その他（　　　　　　　　）

〈下書き〉□有　□無

〈アンケート内容〉

（記入例）当校を志望した理由はなんですか（150 字）

●説明会（□有　□無）〈開催日〉　月　日〈時間〉　時　分　～　時　分
〈上履き〉　□要　□不要　〈願書配布〉　□有　□無　〈校舎見学〉　□有　□無
〈ご感想〉

●参加された学校行事（複数回答可）
公開授業〈開催日〉　月　日〈時間〉　時　分　～　時　分
運動会など〈開催日〉　月　日〈時間〉　時　分　～　時　分
学習発表会・音楽会など〈開催日〉　月　日〈時間〉　時　分　～　時　分
〈ご感想〉
※是非参加したほうがよいと感じた行事について

●受験を終えてのご感想、今後受験される方へのアドバイス
※対策学習（重点的に学習しておいた方がよい分野）、当日準備しておいたほうがよい物など

＊＊＊＊＊＊＊＊＊＊＊＊＊　ご記入ありがとうございました　＊＊＊＊＊＊＊＊＊＊＊＊＊

必要事項をご記入の上、ポストにご投函ください。

なお、本アンケートの送付期限は入試終了後３ヶ月とさせていただきます。また、入試に関する情報の記入量が当社の基準に満たない場合、謝礼の送付ができないことがございます。あらかじめご了承ください。

ご住所：〒

お名前：　　　　メール：

ＴＥＬ：　　　　ＦＡＸ：

ご記入頂いた個人に関する情報は、当社にて厳重に管理致します。弊社の個人情報取り扱いに関する詳細は、www.nichigaku.jp/policy.php の「個人情報の取り扱い」をご覧下さい。

家庭学習をトータルサポート！ ニチガクのオリジナル 効果的 学習法

1 まずは アドバイスページを読む！

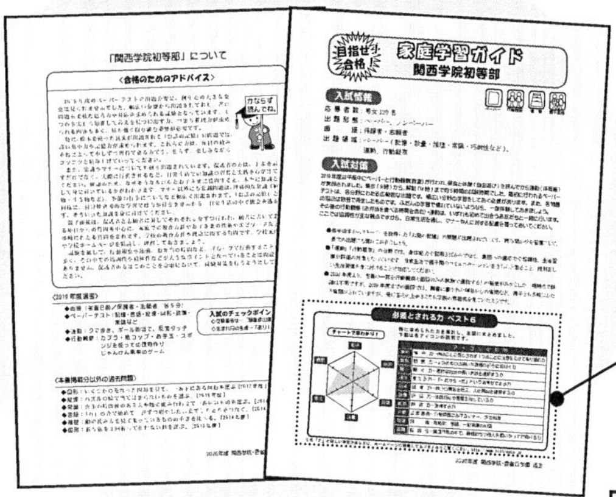

対策や試験ポイントがぎっしりつまった「家庭学習ガイド」。分析内容やレーダーチャート、分野アイコンで、試験の傾向をおさえよう！

2 問題を全て読み、出題傾向を把握する

3 「学習のポイント」で学校側の観点や問題の解説を熟読

4 初めて過去問題にチャレンジ！

5 プラスα 対策問題集や類題で力を付ける

過去問のこだわり

各問題に求められる「力」

分野だけでなく、各問題の求められる「力」をアイコンで表記！アドバイスページの分析レーダーチャートで力のバランスも把握できる！

各問題のジャンル

問題18 分野：常識（理科）　知識　語彙

〈準備〉 青のクーピーペン

〈問題〉 ①上の段を見てください。土の中にできる野菜に○をつけてください。
②真ん中の段を見てください。卵から生まれる生き物に○をつけてください。
③下の段を見てください。道路で見かける標識に○をつけてください。

出題年度

〈時間〉 各20秒

〈解答〉 ①右端（ニンジン）　②左端（カエル）　③左から2番目（通学路）

［2018年度出題］

学習のポイント

①は、身近な野菜に関する問題です。土の中にできる野菜は、解答のニンジン以外にも、ジャガイモ、ダイコン、ゴボウなどがあります。②は、動物の生態に関する問題です。卵生の生物はカエルのような爬虫類のほかに、鳥類、魚類、昆虫などがあります。動物園や水族館にいる生物なら、実際に見に行くのもよいですが、難しいようなら、図鑑などで確認する、Webなどで活動する様子を見るといった形で、「体験する」ようにしてください。③は、公共の場で使われている標識やピクトグラム（絵文字）の問題です。右から順に、「トイレ」「歩行者専用道路」「非常口」「グリーン車」を表しています。これらは道路や店舗、公共施設などでよく見かけるものでしょう。保護者の方は、これらのマークを見かけたら、お子さまにその場で教え、知識を広げましょう。生活の中で得る知識が、小学校受験の常識問題で聞かれる知識です。

【おすすめ問題集】
Jr・ウォッチャー27「理科」、55「理科②」

学習のポイント

各問題の解説や学校の観点、指導のポイントなどを教えます。
保護者の方が今日から家庭学習の先生に！

おすすめ対策問題集

分野ごとに対策問題集をご紹介。苦手分野の克服に最適です！
＊専用注文書付き。

2021年度版
関西学院初等部・雲雀丘学園小学校
過去問題集

発行日　2020年4月15日
発行所　〒162-0821　東京都新宿区津久戸町 3-11-9F
日本学習図書株式会社
電　話　03-5261-8951 ㈹

ISBN978-4-7761-5312-2

C6037 ¥2300E

9784776153122

1926037023005

定価　本体2,300円＋税

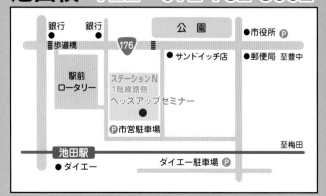

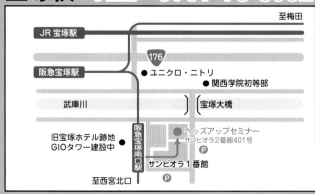

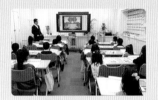

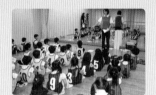

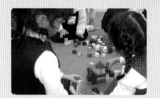

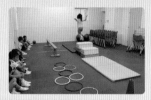